Liebe Schülerin, lieber Schüler der Oberstufe,

mit diesem Buch werden Sie sicher im Schreiben von **Erörterungen**.
Nutzen Sie es als optimale Vorbereitung für das Abitur.

So arbeiten Sie mit diesem Buch:

1. Worum geht es in dem Kapitel? Was werde ich lernen?
   - ▶ Jedes Kapitel beginnt mit einem **Wissenskasten**, einer kurzen Einführung in das Thema.

2. Wie kann ich besser werden?
   - ▶ **Zahlreiche Übungen** bilden den Schwerpunkt des Buches.
   - ▶ **Musterklausuren** überprüfen das Gelernte.

3. Was muss ich mir merken?
   - ▶ Eine **Kurz-Info** am Ende des Kapitels fasst das Wichtigste zusammen.

Extra:
Zusätzliche kostenlose **Lernvideos**
- ▶ auf www.abitur.klett-lerntraining.de
- ▶ oder per QR-Code

Viel Erfolg im Abitur wünscht Ihnen
Ihr Team von Klett Lerntraining!

1 Erörterung

Erfassen des Themas

In diesem Abschnitt lernen Sie

1. Eine erste Hürde bei der Erörterung erwartet Sie bei der Aufgabenstellung, denn die Arbeitsaufträge sind oft von einem ganz unterschiedlichen Schwierigkeitsgrad.
2. Trotzdem müssen Sie genau erfassen, worum es geht und worauf ihre Argumentation gerichtet sein muss.

Aufgabe 1 | Lösungen ab S. 158
Untersuchen Sie die drei Themen im Hinblick auf die Art von Erörterung, die von Ihnen gefordert wird (linear oder dialektisch).

| Thema 1
Ist das Gymnasium in seiner derzeitigen Form tauglich für das 21. Jahrhundert?

| Thema 2
Die Lehrpläne des Gymnasiums müssen verändert werden, um die Schülerinnen und Schüler für Studium und Arbeitswelt fit zu machen.

| Thema 3
„Die höhere Schule hat die menschlichen und geistigen Qualitäten zu entwickeln ohne Rücksicht auf die unmittelbare Brauchbarkeit des Vermittelten." (Albert Einstein)
Erscheint Ihnen diese Definition der Ziele und Aufgaben des Gymnasiums angemessen angesichts der Anforderungen und Gegebenheiten der heutigen Zeit?

Definition a)

Die lineare (steigernde) Erörterung wird durch eine Ergänzungsfrage (auch W- oder Wortfrage genannt) eingeleitet. Sie erfordert eine sachbezogene Auseinandersetzung mit dem Thema.

Aufgabenstellungen, die eindimensional angelegt sind und auf eine Begründung zielen, müssen nach dem linearen Schema bearbeitet werden. Beispiele für lineare Aufgabentypen:

Warum ist es sinnvoll, schon in der Grundschule mit dem Englischunterricht zu beginnen?
Zeigen Sie die Nützlichkeit des Internets für den Unterricht auf.

Arbeitsaufträge, die von Operatoren eingeleitet werden und eine lineare Gliederung verlangen, lauten z. B.:

- *Erläutern Sie, wie … / warum …*
- *Begründen Sie, warum …*
- *Legen Sie dar, wie … / warum …*
- *Erklären Sie, wie … / warum …*
- *Stellen Sie dar, wie … / warum …*
- *Erarbeiten Sie Gründe für …*
- *Untersuchen Sie, warum …*

Definition b)

Die dialektische (Pro und Kontra-) Erörterung wird durch eine Entscheidungsfrage, auch Satzfrage genannt, eingeleitet. Sie erfordert eine wertbezogene Auseinandersetzung mit dem Thema.

Manche Aufgabenstellungen sind so angelegt, dass Sie sowohl Argumente für das Problem, aber auch Argumente dagegen finden sollen. In diesem Fall ist am Ende ein begründetes Abwägen der Argumente und die Formulierung eines eigenen Urteils erforderlich. Beispiele für dialektische Aufgabentypen:

Ist es sinnvoll, dass die Schülerinnen und Schüler schon in der Grundschule Englisch lernen?
Halten Sie den Einsatz des Internets im Unterricht für sinnvoll?

Arbeitsaufträge, die von Operatoren eingeleitet werden und eine dialektische Gliederung verlangen, erkennen Sie an folgenden Wendungen, z. B.:

- *Erörtern Sie, ob es sinnvoll ist …*
- *Diskutieren Sie, ob …*
- *Legen Sie dar, ob …*
- *Erscheint Ihnen … sinnvoll?*
- *Klären Sie, ob …*
- *Nehmen Sie kritisch Stellung zu …*
- *Setzen Sie sich mit … kritisch auseinander.*

Aufgabe 2
Arbeiten Sie aus den drei Erörterungsthemen die Schlüsselbegriffe heraus und erläutern Sie diese.

| Thema 1

Schlüsselbegriffe und ihre Erläuterung:

| Thema 2

Schlüsselbegriffe und ihre Erläuterung:

| Thema 3

Schlüsselbegriffe und ihre Erläuterung:

KURZINFO

Erfassen des Themas

Bei der Erfassung des Themas sollten Sie beachten:

- Welche Schlüsselwörter geben Hinweise auf die Zielrichtung und den Inhalt der Argumentation?
- Mit welchen Hilfsfragen wird die inhaltliche Dimension Ihrer Argumentation deutlich?
- Welcher Erörterungstyp wird von Ihnen verlangt: die lineare (steigernde) oder die dialektische (Pro-und-Kontra-) Erörterung?
- Welche Schwierigkeiten verbergen sich in der Aufgabenstellung?

Klärung unklarer Begriffe

In diesem Abschnitt lernen Sie

1. Nicht immer wird beim ersten Lesen der Aufgabenstellung sofort klar, um was es eigentlich geht. Das liegt manchmal daran, dass Begriffe vorkommen, die man nicht gleich versteht.
2. Um bei der Bearbeitung einer solchen Aufgabe nicht in die Irre zu laufen, ist es wichtig, sich über solche Begriffe – meist sind es Schlüsselbegriffe – umfassend Klarheit zu verschaffen.

Aufgabe 1 | Lösungen ab S. 160

Erläutern Sie, warum es trotz der weiten Verbreitung des Internets unabdingbar ist, die Lesefähigkeit der Bevölkerung zu fördern.

Gehen Sie von dem Erörterungsthema oben aus und klären Sie mit Hilfe eines Wörterbuchs den Begriff „unabdingbar" und „Lesefähigkeit".

Aufgabe 2

Erschließen Sie nun den Begriff „Lesefähigkeit" durch Zerlegung in seine Bestandteile.

Klärung unklarer Begriffe

KURZINFO

Bei der Klärung unklarer Begriffe sollten Sie beachten:

- Wenn Sie eine Vermutung haben, was ein unklarer Begriff bedeutet, sollten Sie versuchen, ihn mit Hilfe der Ersatzprobe zu ersetzen.
- Ein Wörterbuch kann helfen, ein Synonym zu finden.
- Oft bringt Sie das Nachdenken über die gemeinte Bedeutung eines Begriffs auf die richtige Lösung.

Sammlung eigener Gedanken zum Thema

In diesem Abschnitt lernen Sie

1. Um später eine stimmige Erörterung schreiben zu können, müssen Sie Argumente sammeln, die Ihre These stützen.
2. Beim Nachdenken über das Thema werden Sie womöglich auch Argumente finden, die Ihrer Meinung entgegenstehen.
3. Unter Umständen werden diese Ihnen so gewichtig erscheinen, dass Sie Ihre spontane erste Meinung revidieren und zu einem ganz anderen Ergebnis kommen.

Aufgabe 1 | Lösungen ab S. 161

Betreiben Sie Brainstorming und finden Sie zum Thema *Welche Fähigkeiten, Kenntnisse und Qualifikationen brauchen die Schülerinnen und Schüler, um ein Studium erfolgreich zu meistern?* Argumente. Schreiben Sie diese so ungeordnet, wie sie Ihnen einfallen, nieder.

Aufgabe 2

Sortieren Sie die Argumente nun mit Hilfe der Clustermethode (vgl. Definition).

Definition: Clustertechnik

Die Clustertechnik berücksichtigt die Möglichkeit, durch grafische Darstellung zur Veranschaulichung beizutragen. Außerdem ermöglicht Ihnen die gestalterische Offenheit des Clusters die Möglichkeit, problemlos neue Aspekte einzufügen oder Unteraspekte zum Thema zu notieren. Damit sind Sie der Stoffordnung schon ein Stück näher gekommen.

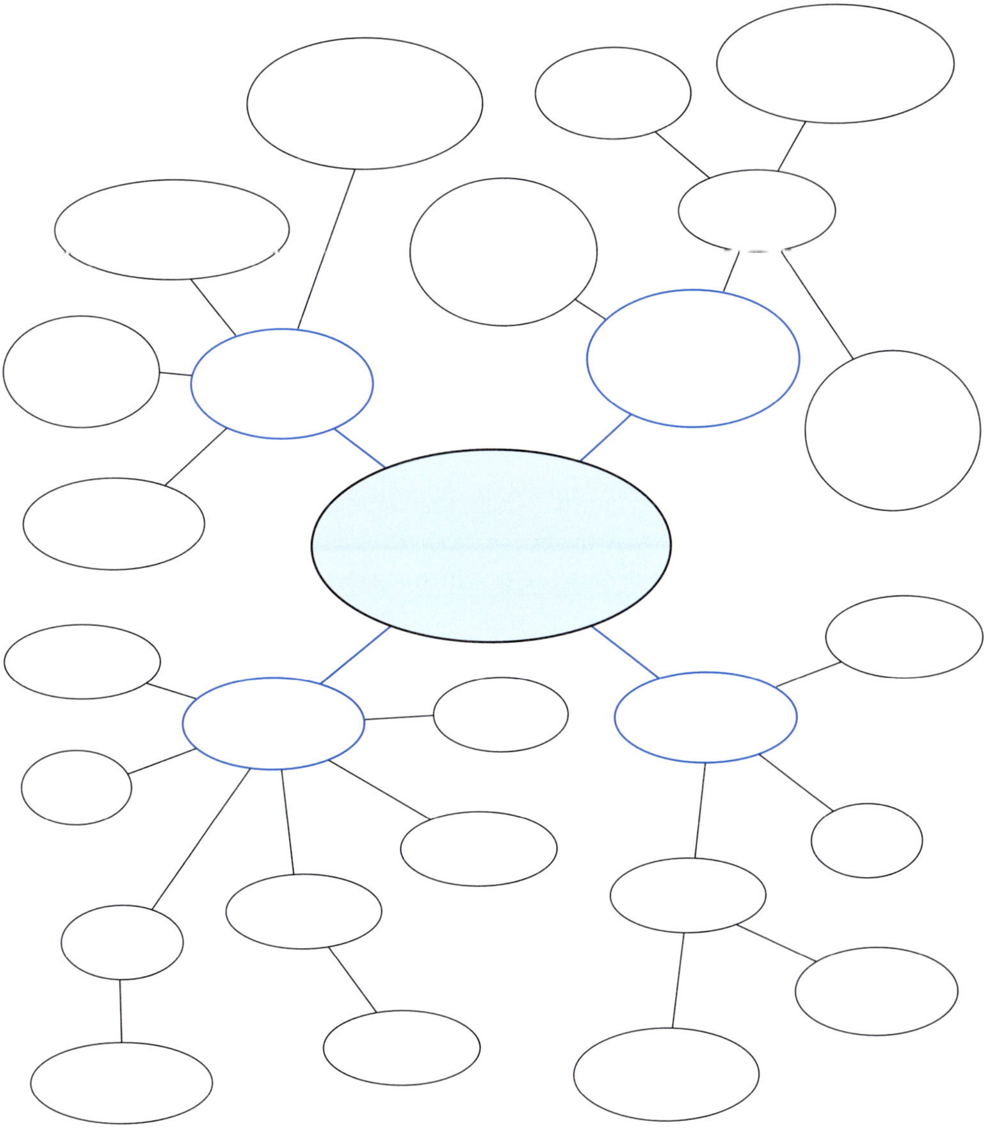

Sammlung eigener Gedanken zum Thema

Bei der Stoffsammlung sollten Sie beachten:

- Wenn Sie das Thema genau erfasst haben, sollten Sie Ihren Gedanken freien Lauf lassen: Betreiben Sie Brainstorming.
- Bei der Niederschrift Ihrer Gedanken haben Sie verschiedene Möglichkeiten:
  - Sie schreiben alles auf, wie es Ihnen einfällt (Brainstorming).
  - Sie schreiben Ihre Einfälle schon vorgeordnet in der Form des Clusters auf.

KURZINFO

Ordnen der Gedanken

In diesem Abschnitt lernen Sie

1. Die Stoffsammlung ist die Voraussetzung für jeden Erörterungsaufsatz.
2. Sie dürfen jedoch die gefundenen Argumente nicht in der Reihenfolge stehen lassen, in der sie Ihnen eingefallen sind.
3. Um zielgerichtet argumentieren zu können, müssen Sie die Argumente ordnen: Zusammengehöriges muss zusammengefügt werden, damit Sie sich in Ihrem Aufsatz nicht wiederholen oder gar widersprechen.

Aufgabe 1 | Lösungen ab S. 162
Streichen Sie die Argumente aus der Stoffsammlung (siehe Abschnitt Sammlung eigener Gedanken zum Thema), die nicht zum Thema passen. Listen Sie die gestrichenen Argumente hier auf.

____

____

____

Aufgabe 2
Schreiben Sie Ihre Argumente zum Thema *Welche Fähigkeiten, Kenntnisse und Qualifikationen brauchen die Schülerinnen und Schüler, um ein Studium erfolgreich zu meistern?* in Form der geordneten Stichwortliste nieder. Orientieren Sie sich dabei an den Oberbegriffen.

Fähigkeiten (Charaktereigenschaften, Persönlichkeitsmerkmale):

____

____

____

____

____

____

____

Kenntnisse (Wissen):

____

____

____

____

____

____

____

Qualifikationen:

____

____

____

____

____

____

____

Ordnen der Gedanken

KURZINFO

Bei der Stoffordnung sollten Sie beachten:

- Ordnen Sie Ihre Gedanken thematisch bzw. nach Oberbegriffen.
- Verwenden Sie dazu die geordnete Stichwortliste.
- Übernehmen Sie aber aus Ihrer Stoffsammlung keine Aspekte, die nicht zum Thema gehören. Vermeiden Sie gedankliche Doppelungen.

Anfertigen einer Gliederung

In diesem Abschnitt lernen Sie

1. Nach der Stoffsammlung und der Stoffordnung sollten Sie eine Gliederung anfertigen. Diese muss der Art der Aufgabenstellung entsprechen.
2. Grundsätzlich können Sie zwei Arten der Fragestellung unterscheiden:
   - die **lineare Erörterung**, die eine **steigernde Gliederung** verlangt, und die
   - **dialektische Form**, die eine **Pro und Kontra-Gliederung** erfordert.

Aufgabe 1 | Lösungen ab S. 162

Erstellen Sie eine Gliederung nach dem steigernden Prinzip (siehe Beispiel) zum Thema *Welche Fähigkeiten, Kenntnisse und Qualifikationen brauchen die Schülerinnen und Schüler, um ein Studium sinnvoll zu meistern?*

Beispiel: Gliederungsschema für die lineare (steigernde) Erörterung:

Alphanumerisches Gliederungsschema:	**Numerisches Gliederungsschema:**
A. Einleitung	1 Einleitung
B. Hauptteil	2 Hauptteil
I. Erstes Hauptargument	2.1 Erstes Hauptargument
1. Unterpunkt	2.1.1 Unterpunkt 1
a. Einzelaspekt 1	2.1.1.1 Einzelaspekt 1
b. Einzelaspekt 2	2.1.1.2 Einzelaspekt 2
c. Einzelaspekt 3	2.1.1.3 Einzelaspekt 3
2. Unterpunkt	2.1.2 Unterpunkt 2
a. Einzelaspekt 1	2.1.2.1 Einzelaspekt 1
b. Einzelaspekt 2	2.1.2.2 Einzelaspekt 2
c. Einzelaspekt 3	2.1.2.3 Einzelaspekt 3
II. Zweites Hauptargument	2.2 Zweites Hauptargument
1. Unterpunkt	2.2.1 Unterpunkt 1
a. Einzelaspekt 1	2.2.1.1 Einzelaspekt 1
b. Einzelaspekt 2	2.2.1.2 Einzelaspekt 2
c. Einzelaspekt 3	2.2.1.3 Einzelaspekt 3
2. Unterpunkt	2.2.2 Unterpunkt 2
a. Einzelaspekt 1	2.2.2.1 Einzelaspekt 1
b. Einzelaspekt 2	2.2.2.2 Einzelaspekt 2
c. Einzelaspekt 3	2.2.2.3 Einzelaspekt 3
C. Schluss	3 Schluss

Aufgabe 2

Erstellen Sie eine Gliederung nach dem dialektischen Prinzip (siehe Beispiel) zum Thema *Halten Sie den Einsatz des Internets im Unterricht für sinnvoll?*

Beispiel: Gliederungsschema für die dialektische (Pro- und Kontra-) Erörterung:

Alphanumerisches Gliederungsschema:	**Numerisches Gliederungsschema:**
A. Einleitung	1 Einleitung
B. Hauptteil	2 Hauptteil
I. These	2.1 These
1. Argument 1	2.1.1 Argument 1
a. Einzelaspekt 1	2.1.1.1 Einzelaspekt 1
b. Einzelaspekt 2	2.1.1.2 Einzelaspekt 2
c. Einzelaspekt 3	2.1.1.3 Einzelaspekt 3
2. Argument 2	2.1.2 Argument 2
a. Einzelaspekt 1	2.1.2.1 Einzelaspekt 1
b. Einzelaspekt 2	2.1.2.2 Einzelaspekt 2
c. Einzelaspekt 3	2.1.2.3 Einzelaspekt 3
II. Antithese	2.2 Antithese
1. Argument 1	2.2.1 Argument 1
a. Einzelaspekt 1	2.2.1.1 Einzelaspekt 1
b. Einzelaspekt 2	2.2.1.2 Einzelaspekt 2
c. Einzelaspekt 3	2.2.1.3 Einzelaspekt 3
2. Argument 2	2.2.2 Argument 2
a. Einzelaspekt 1	2.2.2.1 Einzelaspekt 1
b. Einzelaspekt 2	2.2.2.2 Einzelaspekt 2
c. Einzelaspekt 3	2.2.2.3 Einzelaspekt 3
III. Synthese	2.3 Synthese
1. Aspekt 1	2.3.1 Aspekt 1
2. Aspekt 2	2.3.2 Aspekt 2
3. Aspekt 3	2.3.3 Aspekt 3
C. Schluss	3 Schluss

KURZINFO

Anfertigen einer Gliederung

Bei der Gliederung sollten Sie beachten:

- Die Gliederung dient Ihnen als Schreibplan für Ihren Erörterungsaufsatz, zugleich gibt sie dem Leser eine Orientierungshilfe und zeigt ihm, wie die Arbeit aufgebaut ist.
- Die lineare Erörterung verlangt eine steigernde Gliederung, die dialektische Erörterung verlangt eine Gliederung, die nach dem Pro und Kontra-Schema aufgebaut ist.
- Die Gliederung besteht immer aus Einleitung, Hauptteil und Schluss. Der Hauptteil muss weiter untergliedert werden.
- Verwenden Sie durchgehend das numerische oder das alphanumerische Gliederungsschema.
- Achten Sie im Hauptteil auf eine sinnvolle, ausgewogene Gewichtung der einzelnen Teile.
- Achten Sie auch auf eine stimmige Nummerierung.
- Da die einzelnen Gliederungspunkte in der Regel im Nominalstil abgefasst werden, es sich also nicht um ganze Sätze handelt, steht am Ende kein Punkt.

Die Argumentation

In diesem Abschnitt lernen Sie

1. Das Ziel eines Erörterungsaufsatzes besteht immer darin, sich selbst Klarheit über eine Problematik zu verschaffen und das Ergebnis des schriftlichen Nachdenkens so darzulegen, dass man andere davon überzeugen kann.
2. Deshalb wäre es falsch, nur Behauptungen aufzustellen – diese sind immer angreifbar.
3. Im Erörterungsaufsatz müssen Sie schlüssig argumentieren. Es ist deshalb sinnvoll, dass Sie sich an das **übliche Argumentationsschema** halten, das besagt, dass die Argumentation aus folgenden vier Teilen besteht:
   Behauptung (These) – Begründung (Beweis) – Beispiel – Rückführung zur Behauptung (Schlussfolgerung)

Aufgabe 1 | Lösungen ab S. 164
Fügen Sie die Textbeispiele, die zu dem Argument „Fähigkeit zu lebenslangem Lernen" gehören, an der richtigen Stelle in die Tabelle ein. Orientieren Sie sich dabei an den Definitionen.

Definition a) Behauptung (These)
Sie stellen eine Behauptung auf, weil Sie von der Richtigkeit des benannten Sachverhalts überzeugt sind. Die **These ist ein Hauptbestandteil Ihres Erörterungsaufsatzes** und muss deshalb für die leitende Fragestellung ein besonderes Gewicht haben. Aus der Summe der Thesen ergibt sich schließlich Ihre Ansicht zum Thema, die in der Synthese oder im Schluss zusammengefasst wird. Keine These darf aber für sich allein stehen. Jede These muss für den Leser nachvollziehbar gemacht werden; dazu dienen die Begründung, der Beweis und das Beispiel.

Definition b) Begründung (Beweis)
Begründungen müssen überzeugen, sie müssen stichhaltig sein. Deshalb reicht es meist nicht, nur auf allgemeines Wissen zu verweisen. Oft ist es notwendig, Expertenwissen heranzuziehen, z. B. Aussagen von Fachleuten oder Daten, die man einschlägigen Statistiken entnehmen kann. Sie können sich auch auf normative Beweise stützen, sich auf Gesetze und die geltende Rechtslage bzw. anerkannte gesellschaftliche Werte beziehen. Auch Evidenz- und Analogiebeweise helfen, die Aussage der These zu festigen.

Definition c) Beispiel

Bleibt die Argumentation bei der These und der Begründung oft im allgemeinen, theoretischen Bereich, ist besonders das Beispiel geeignet, Sachverhalte zu veranschaulichen. Sie sollten deshalb immer darauf achten, dass die von Ihnen angeführten Beispiele **nachvollziehbar** und **für jedermann verständlich** sind. Hüten Sie sich aber vor trivialen Beispielen, z.B. vor Beispielen aus dem Bereich Ihrer Familie oder Ihres Freundeskreises. Solche Beispiele stehen oft für singuläre Ereignisse oder Erfahrungen und sind für Außenstehende meist nicht nachvollziehbar. Unpassende, triviale Beispiele beginnen meistens so:

- *Meine Tante hat auch schon erlebt, wie …*
- *Auch meinem Freund Fritz ist es so ergangen, dass …*
- *Ich habe letzte Woche selbst die Erfahrung gemacht, dass …*

Wenn Sie das Beispiel nicht schon zur Begründung Ihrer These eingesetzt haben, ist der Beweis vielleicht der richtige Ort dafür.

Definition c) Rückführung zur These (Schlussfolgerung)

Die Rückführung rundet das Argument ab und stellt den Bezug zur These abschließend noch einmal her. Fehlt die Rückführung, hängt die Argumentation in der Luft, der Leser fragt sich: Was sollen mir die Begründung und das Beispiel sagen? Diese Frage wird in der Rückführung geklärt, der Leser weiß, wohin das Argument zielt und ist bereit, ein weiteres Argument zu durchdenken. Achten Sie aber darauf, dass Sie **nicht nur die These wiederholen**, sondern machen Sie deren Allgemeingültigkeit deutlich.

Argumentationsschritt	Erläuterung	Textbeispiel
Behauptung (These)	Die Behauptung sollte in Thesenform, also als Aussage formuliert sein. Das ermöglicht Ihnen eine konsequente Begründung.	☐
Begründung	Die Begründung muss stichhaltig sein. Das erreichen Sie, indem Sie Fachwissen einbringen.	☐
Beispiel	Das Beispiel muss allgemein nachvollziehbar und inhaltlich an die Begründung angelehnt sein.	☐
Rückführung zur These (Schlussfolgerung)	Damit das Argument verständlich ist, muss der Bezug zur These am Ende hergestellt werden.	☐

| Textbeispiele

1 Die Arbeitswelt wird immer komplexer und die Halbwertszeit des Wissens geht immer rascher zurück. Das heute erworbene Wissen ist in vielen Berufszweigen schon in wenigen Jahren völlig veraltet.

2 Um sich beruflich nicht ins Abseits zu manövrieren und um bei möglicherweise eintretender Arbeitslosigkeit eine reelle Chance auf einen adäquaten Arbeitsplatz zu haben, ist es notwendig, sowohl ein Bewusstsein dafür zu schaffen, dass das Lernen nie aufhören darf, als auch dafür zu sorgen, dass die heutigen Schülerinnen und Schüler in der Lage sind, sich permanent selbstständig fortzubilden.

3 Die Schülerinnen und Schüler müssen zu lebenslangem Lernen befähigt werden.

4 Am ausgeprägtesten ist dies wohl in der Computerbranche, aber auch in den modernen Naturwissenschaften sind die Erkenntnisse von heute morgen schon wieder überholt. So ist die Entschlüsselung der menschlichen DNS so rasch und umfassend möglich, dass heute schon über einen Ersatz einzelner DNS-Moleküle nachgedacht wird, z. B. um Erbkrankheiten zu verhindern.

Die Argumentation

KURZINFO

Bei der Argumentation sollten Sie beachten:

- Die Argumentation besteht in der Regel aus einer Behauptung (These), einer Begründung oder einem Beweis, einem Beispiel und der Rückführung zur These (Schlussfolgerung).
- Die Behauptung ist, weil sie die Grundlage des Arguments bildet, besonders wichtig. Sie muss klar formuliert sein, am besten in Form einer These.
- Wichtig ist auch die Begründung, denn sie ist für die Meinungsbildung des Lesers hauptsächlich verantwortlich. Sie muss also immer stichhaltig sein.
- Das Beispiel dient der Veranschaulichung der Begründung; es muss allgemein nachvollziehbar sein.
- Damit dem Leser am Ende die Zielrichtung des Arguments klar ist, ist es sinnvoll, in einem abschließenden Satz zur These zurückzuführen.

Verschiedene Arten von Beweisen

In diesem Abschnitt lernen Sie

1. Begründungen müssen stichhaltig sein, um zu überzeugen.
2. Oft werden deshalb Beweise als Begründung angeführt.
3. Sie müssen daher wissen, welche unterschiedlichen Arten von Beweisen es gibt.

Aufgabe 1 | Lösungen ab S. 164

Fügen Sie die genannten Arten des Beweises (a – e) an der richtigen Stelle in die Tabelle ein. Orientieren Sie sich dabei an den genannten Kennzeichen sowie an den Textbeispielen.

Kennzeichen	Textbeispiel	Beweis-art
Bezug auf allgemein überprüfbare Beobachtungen oder Tatsachen	Für Schüler, die den Umgang mit dem Computer im Unterricht eingeübt haben, ist es im Studium und im Berufsleben eine Selbstverständlichkeit, damit zu arbeiten.	☐
Berufung auf Aussagen von Fachleuten, Statistiken, wissenschaftliche Werke usw.	Nach Aussagen von Professoren ist es für viele Studenten inzwischen eine Selbstverständlichkeit, Informationen aus dem Internet abzurufen.	☐
Berufung auf Gesetze oder anerkannte Werte	Die private Nutzung des Internets, z. B. Chat und E-Mail, ist in vielen Firmen verboten. Hier Zurückhaltung zu üben, muss auch schon in der Schule eingeübt werden.	☐

Anführung einleuchtender Beobachtungen und Erfahrungen	Die allgemeine Erfahrung zeigt, dass junge Menschen weniger Scheu haben, am Computer zu arbeiten, als ältere.	☐
Rückschlüsse aus allgemein bekannten Tatsachen oder Ereignissen	Mit zunehmender Verbreitung des Internets erhöhen sich auch der Missbrauch und die Kriminalität, die in diesem Medium lauern.	☐

Art des Beweises:

a Autoritätsbeweis
b Praxisbeweis
c Analogiebeweis
d Evidenzbeweis
e Normativer Beweis

KURZINFO

Verschiedene Arten von Beweisen

Folgende Arten des Beweises sollten Sie kennen:

- Praxisbeweis: Bezug auf allgemein überprüfbare Beobachtungen oder Tatsachen
- Autoritätsbeweis: Berufung auf Aussagen von Fachleuten, Statistiken, wissenschaftliche Werke usw.
- Normativer Beweis: Berufung auf Gesetze oder anerkannte Werte
- Evidenzbeweis: Anführung einleuchtender Beobachtungen und Erfahrungen
- Analogiebeweis: Rückschlüsse aus allgemein bekannten Tatsachen oder Ereignissen

Formulieren eines Arguments

In diesem Abschnitt lernen Sie

1. Wenn Sie ein Argument formulieren, sollten Sie die vier Argumentationsschritte **Behauptung (These) – Begründung (Beweis) – Beispiel – Rückführung zur These (Schlussfolgerung)** beachten. 2. Ihr Erörterungsaufsatz wirkt eintönig und wenig überzeugend, wenn Sie immer in dieser Reihenfolge argumentieren.
3. Sie sollten deshalb zwischen dem deduktiven und dem induktiven Verfahren abwechseln.

Aufgabe 1 | Lösungen ab S. 165

Das folgende Argument zum Thema *Halten Sie den Einsatz des Internets im Unterricht für sinnvoll?* ist deduktiv aufgebaut. Ergänzen Sie die Argumentationsschritte mit Hilfe von Definition a.

Definition a) Deduktives Verfahren

Argumentieren Sie deduktiv, gehen Sie **vom Allgemeinen** aus und kommen dann **zum Besonderen**. Ein Schaubild kann dies verdeutlichen:

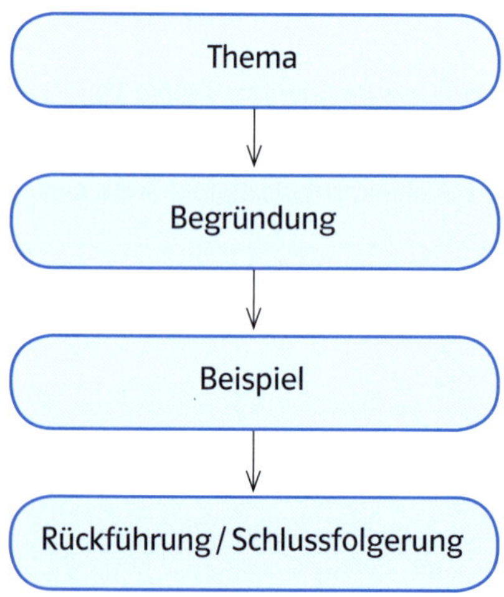

Ausführung	Gliederungspunkt	Argumentationsschritt
Der Einsatz des Internets im Unterricht ist auch deshalb wichtig, weil dadurch die Schüler angeleitet werden, selbstständig zu recherchieren.	2. Möglichkeit zur Recherche	______________
Zwar kann im Unterricht auch mit den Schulbüchern gearbeitet werden, doch können darin enthaltene Zahlen und Fakten oft schnell veraltet sein. Wenn man bedenkt, dass Schulbücher meist sechs Jahre oder länger in Gebrauch sind, dann ist einsichtig, dass viele Zahlen und Daten nicht mehr stimmen.	a. Ermittlung von aktuellen Informationen	______________
Besonders in Wirtschaft, Erdkunde, aber auch in Sozialkunde oder in der politischen Bildung ist es wichtig, aktuelles Zahlenmaterial zur Verfügung zu haben. Wie will man die Entwicklung der Europäischen Gemeinschaft verstehen, wenn man nicht weiß, welche Länder zur EU gehören, wie viele Einwohner sie haben, welches Land wie stark im Europäischen Parlament vertreten ist usw.?	(erscheint nicht in der Gliederung)	______________
Gerade wegen dieses schnellen Zugriffs auf aktuelle Informationen ist das Internet ein wichtiger Bestandteil eines zukunftsorientierten Unterrichts.	(erscheint nicht in der Gliederung)	______________

Aufgabe 2
Schreiben Sie nun die einzelnen Argumentationsschritte nach dem Schema des induktiven Verfahrens auf. Beachten Sie dazu Definition b.

Definition b) Induktives Verfahren

Das induktive Verfahren geht **vom Besonderen** aus und schließt daraus auf **das Allgemeine**. Bei der gleichen Ausgangsthese könnte z. B. leicht das Beispiel und die Begründung in der Reihenfolge ausgetauscht werden. Die Rückführung ist bei diesem Argumentationsschema meist verzichtbar. Auch dieses Argumentationsschema kann durch ein Schaubild verdeutlicht werden:

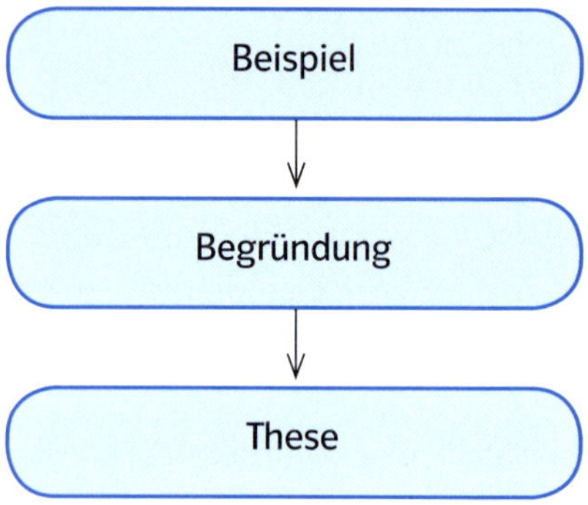

Argumentationsschritt 1:

___

Argumentationsschritt 2:

___

Argumentationsschritt 3:

___

KURZINFO

Formulieren eines Arguments

Bei der Formulierung eines Arguments sollten Sie beachten:

- Entwickeln Sie Ihre Gedanken schlüssig und für den Leser nachvollziehbar.
- Verwenden Sie dazu die einzelnen Bausteine der Argumentation: These, Begründung, Beispiel und Rückführung zur These.
- Wechseln Sie aber zwischen der induktiven und der deduktiven Form ab, damit der Aufsatz nicht eintönig klingt.

Argumentationskreis und Argumentationskette

In diesem Abschnitt lernen Sie

1. Wenn Sie zu jeder These eine Begründung, ein Beispiel und die Rückführung zur These angeben, spricht man von einem Argumentationskreis.
2. Nicht immer ist es notwendig, diese Abfolge von These, Begründung oder Beweis, Beispiel und Rückführung zur These ganz exakt einzuhalten. Wenn Sie zu einer These zwei oder drei Begründungen oder mehrere Beispiele finden, ist es nicht nötig, die These zu wiederholen. In diesem Fall verknüpft man die These mit mehreren Begründungen oder Beispielen. Dies nennt man eine Argumentationskette.

Aufgabe 1 | Lösungen ab S. 165

Ergänzen Sie den vorliegenden Argumentationskreis zur These „Moderne Unterrichtsformen stellen für die Schüler eine Bereicherung dar" um zwei weitere Beispiele mit Begründungen und stellen Sie damit eine Argumentationskette her. Beachten Sie die Definitionen.

Definition a)

Sie wissen, dass Argumente immer in einer bestimmten Anordnung ausgeführt werden sollen. Doch sowohl beim induktiven wie beim deduktiven Verfahren haben wir es bei jedem Argument mit These, Begründung, Beispiel und Rückführung zur These zu tun. Weil diese Teile zusammengehören und am Ende wieder bei der These enden, spricht man auch von einem **Argumentationskreis**.

Definition b)

Nicht immer ist es notwendig, die oben dargelegte Abfolge von These, Begründung oder Beweis, Beispiel und Rückführung zur These ganz exakt einzuhalten. Es kommt nämlich häufig vor, dass es zu einer These zwei oder drei Begründungen oder mehrere Beispiele gibt. In so einem Fall geben Sie zur These mehrere Begründungen, womöglich jede mit einem eigenen Beispiel an. Man spricht in diesem Fall von einer **Argumentationskette**.

These

Moderne Unterrichtsformen stellen für die Schüler eine Bereicherung dar.

Begründung 1

Da die jungen Menschen in der Universität und im Berufsleben zunehmend selbstständig arbeiten müssen, ist es sinnvoll, dass sie diese Methoden schon in der Schule erlernen und erproben.

Beispiel 1

Wenn Schüler schon in der Unterstufe mit Freiarbeit oder Wochenplanarbeit vertraut gemacht werden und in höheren Klassen dann einen Lernzirkel durchlaufen müssen, hilft ihnen das, ein Problembewusstsein für den fachlichen Inhalt zu entwickeln und zugleich die zeitlichen Rahmenbedingungen richtig einzuschätzen.

Begründung 2

Beispiel 2

Begründung 3

Beispiel 3

Rückführung
Mag auch die Effektivität des Unterrichts bei modernen Unterrichtsformen scheinbar nicht so ausgeprägt sein wie im lehrerzentrierten Frontalunterricht, ist es – im Hinblick auf ihre späteren Bedürfnisse – doch sinnvoll, die Schülerinnen und Schüler mit solchen selbstgelenkten Arbeitsformen vertraut zu machen.

Argumentationskreis und Argumentationskette

KURZINFO

Bei der Anordnung der Argumente sollten Sie beachten:

- Sie können jederzeit eine These nur anhand eines Arguments erläutern (Argumentationskreis).
- Ihre Argumentation wirkt aber überzeugender, wenn Sie eine Argumentationskette bilden, also zwei oder drei Argumente zu einer These ausführen.

Darlegen des eigenen Standpunktes

In diesem Abschnitt lernen Sie

1. Das Ziel des Erörterungsaufsatzes ist, dass Sie ein begründetes Urteil fällen und dieses überzeugend darlegen.
2. Durch die Auseinandersetzung mit der Thematik, das Abwägen des Für und Wider bzw. durch die Diskussion zentraler Aspekte bereiten Sie dieses Urteil vor.
3. Sie können das eigene Urteil bei der linearen Erörterung im Schlussteil des Aufsatzes, beim dialektischen Erörterungsaufsatz in der Synthese am Ende des Hauptteils wiedergeben.

Aufgabe 1 | Lösungen ab S. 166

Formulieren Sie einen eigenen Standpunkt zum Thema *Halten Sie den Einsatz des Internets im Unterricht für sinnvoll?* Achten Sie darauf, dass Sie Gliederungspunkt B.III inhaltlich füllen müssen. Orientieren Sie sich an der vorgegebenen Gliederung.

Gliederung

A. Das Internet als Kommunikationsmedium unserer Zeit

B. Ist der Einsatz des Internets im Unterricht sinnvoll?
- I. Folgende Argumente sprechen gegen den Einsatz des Internets im Unterricht:
  - 1. Ablenkung von wichtigen Dingen
    - a. Ablenkung durch Online-Spiele
    - b. Das Internet als „Zeitfresser"
  - 2. Das Internet als Gefahrenquelle für Schüler
    - a. Gefahr durch finanzielle Risiken
    - b. Schädigung der Jugendlichen durch ungeeignete Inhalte
- II. Folgende Argumente sprechen für den Einsatz des Internets im Unterricht:
  - 1. Erlernen des sinnvollen Umgangs mit dem Internet
    - a. Erlernen der Handhabung des Internets
    - b. Erkennen der Hilfe der Suchmaschinen
  - 2. Möglichkeit zur Recherche
    - a. Ermittlung von aktuellen Informationen
    - b. Nutzung von Online-Wörterbüchern und -Lexika
    - c. Zugriff auf wissenschaftliche oder literarische Texte

3. Erstellung von Präsentationen
   a. Möglichkeiten der ansprechenden Gestaltung
   b. Erhöhung der Anschaulichkeit
III. Hinführung der Schülerinnen und Schüler an eine sinnvolle Nutzung des Internets als Baustein eines zeitgemäßen Unterrichts

C. Zunehmende Vernetzung der Welt im privaten und beruflichen Sektor

KURZINFO

Darlegen des eigenen Standpunktes

Bei der Darlegung eines eigenen Standpunktes sollten Sie beachten:

- Bei der steigernden Erörterung sollten Sie die Ergebnisse Ihres Nachdenkens im Schluss darlegen.
- Bei der dialektischen Erörterung ist die Synthese der geeignete Ort, die Ergebnisse der Abwägung von These und Antithese zusammenzufassen.

Gestaltung von Einleitung und Schluss

In diesem Abschnitt lernen Sie

1. Jeder Aufsatz braucht eine Einleitung und einen Schluss. Die Einleitung soll zum Thema hinführen, der Schluss den Leser aus dem Aufsatz entlassen.
2. Häufig besteht die Gefahr, dass die Einleitung wichtige Argumente vorwegnimmt, die eigentlich im Hauptteil ausführlich behandelt werden müssten. Andererseits ist der Schluss oft nicht mehr als eine Wiederholung des Hauptteils in Kürze. Beides schadet Ihrem Erörterungsaufsatz – deshalb sollten Sie es vermeiden.

Aufgabe 1 | Lösungen ab S. 166

Kreuzen Sie an, welche Inhalte Sie für eine Einleitung für passend halten. Orientieren Sie sich dabei an Definition a.

Definition a)

Eine gelungene Einleitung

- umreißt die Hintergründe der Thematik,
- macht deutlich, was in dem Thema steckt und
- führt zum Thema und der Problematik der Erörterung hin.

Für die Einleitung ist geeignet	richtig	falsch
ein aktuelles Beispiel von allgemeinem Interesse	○	○
die Beschreibung eines allgemeinen Zustandes	○	○
der Bezug auf ein eigenes Erlebnis	○	○
der Bezug auf die geschichtlichen Hintergründe	○	○
der Bezug auf eine Statistik oder anderes Zahlenmaterial	○	○
der Bezug auf ein Problem eines Freundes	○	○
ein Sprichwort, ein Zitat oder eine Begriffserklärung (Definition)	○	○
bei der literarischen Erörterung: der Hinweis auf die Bedeutung des Motivs, Ausführungen zur Person oder zum Werk des Dichters, der Bezug auf die literarische Gattung	○	○

Aufgabe 2

Kreuzen Sie an, welche Inhalte Sie für einen Schluss für passend halten. Orientieren Sie sich dabei an Definition b.

<u>Definition b)</u>

Der Schluss rundet Ihre Arbeit ab, er ist also sehr wichtig, denn er prägt den Eindruck, den der Leser von Ihrem Erörterungsaufsatz gewinnt, entscheidend mit. Sie sollten darauf achten, dass der Schluss den Einleitungsgedanken noch einmal aufnimmt und unter Einbeziehung der Aspekte, die sich durch die Erörterung ergeben haben, zu einem sinnvollen Abschluss bringt. Sie können auch auf weiterführende Aspekte des Themas verweisen.

Im Schlussteil können Sie	richtig	falsch
an den Einleitungsgedanken anknüpfen	○	○
auf weitere Aspekte des Themas verweisen, die sich im Anschluss an Ihre Erörterung aufdrängen	○	○
einen Ausblick auf die Zukunft geben	○	○
eine begründete persönliche Stellungnahme abgeben	○	○
auf Ihre Lebenssituation verweisen	○	○
von Ihren Hoffnungen oder Ängsten berichten	○	○
wichtige Ergebnisse der Erörterung pointiert zusammenfassen	○	○
Ihre künftigen Vorhaben auflisten	○	○

Gestaltung von Einleitung und Schluss

KURZINFO

Bei der Gestaltung von Einleitung und Schluss sollten Sie beachten:

- Die Einleitung soll den Leser zum Thema der Erörterung hinführen. Das bedeutet, dass Sie Informationen zum Thema geben müssen, die den Rahmen des Hauptteils abstecken, ohne dass Sie schon auf die eigentliche Problematik eingehen und möglicherweise Gedanken aus dem Hauptteil vorwegnehmen.
- Der Schluss soll das Thema abrunden. Dies gelingt nur, wenn Sie sich nicht damit begnügen, die Thesen des Hauptteils zu wiederholen, sondern wenn Sie weiterführende Aspekte deutlich machen.

Sprachliche Besonderheiten der Erörterung

In diesem Abschnitt lernen Sie

1. Beim Erörterungsaufsatz kommt es auf gute Argumente an, die ausführlich, nachvollziehbar und überzeugend dargelegt werden müssen.
2. Die Erörterung ist eine sachliche Form, das sollten Sie auch bei der sprachlichen Gestaltung berücksichtigen. Satzgestaltung, Stilebene und Begrifflichkeit müssen klar von der sonst verwendeten Umgangssprache unterschieden sein.

Aufgabe 1 | Lösungen ab S. 167

Kreuzen Sie an, ob Sie die Formulierungen für präzise genug für eine Erörterung auf der Oberstufe halten.

	geeignet	ungeeignet
Ein anderer Aspekt ist, dass …	○	○
Die Sache ist die, dass …	○	○
Es geht darum, zu erkennen …	○	○
Die Menschen denken, dass …	○	○
Deshalb glaubt jeder, dass …	○	○
Der Roman wurde von vielen Kritikern gelobt.	○	○
Es ist klar, dass …	○	○

Aufgabe 2

Kreuzen Sie an, welche Füllwörter und Floskeln man in einer Erörterung nicht verwenden sollte.

	geeignet	ungeeignet
natürlich	○	○
sowieso	○	○
wie jeder weiß	○	○
selbstverständlich	○	○
manchmal	○	○
es ist wissenschaftlich erwiesen, dass …	○	○

Aufgabe 3

Der argumentative Stil der Erörterung verlangt Nominalisierungen. Formulieren Sie deshalb den folgenden Satz, der im Verbalstil verfasst ist, in den Nominalstil um. Beachten Sie dazu Definition a.

Dass die Schülerinnen und Schüler zu lebenslangem Lernen befähigt werden, ist eine der Kernaufgaben der weiterführenden Schule im 21. Jahrhundert.

Definition a)

Lesen Sie den Satz im Verbalstil und verwandeln Sie den infiniten Verbteil in ein Nomen; den finiten Verbteil dürfen Sie dabei außer Acht lassen. Es heißt dann z. B. statt *befähigt (werden) Befähigung*. Rücken Sie dieses Nomen an die erste Stelle im Satz und machen Sie es zum Subjekt: *Die Befähigung zu …* Damit wird ein möglicherweise existierender Nebensatz aufgelöst und Bestandteil des Hauptsatzes.

___

___

___

KURZINFO

Sprachliche Besonderheiten der Erörterung

Bei der sprachlichen Gestaltung des Erörterungsaufsatzes sollten Sie beachten:

- Vermeiden Sie umgangssprachliche Wendungen, verwenden Sie eine gehobene Standardsprache.
- Bemühen Sie sich um einen präzisen Ausdruck.
- Vermeiden Sie Füllwörter und Floskeln.
- Verwenden Sie, wann immer es nötig ist oder Ihnen sinnvoll erscheint, Fachbegriffe.
- Ziehen Sie den Nominalstil dem Verbalstil vor.

Satzgestaltung bei der Erörterung

In diesem Abschnitt lernen Sie

1. Für die Satzgestaltung beim Argumentieren gilt: Vermeiden Sie alle Schreibhaltungen, die Spannung erzeugen könnten, also kurze Sätze, Ausrufesätze, offene Sätze.
2. Legen Sie Ihre Gedanken begründet, ausführlich, aber nicht umständlich dar. Verwenden Sie dazu Satzgefüge, also Haupt- und Nebensätze – nur damit können Sie begründet argumentieren.

Aufgabe 1 | Lösungen ab S. 168

Kreuzen Sie an, ob die genannten Konjunktionen einen Nebensatz (subordinierende Konjunktionen) oder einen Hauptsatz (koordinierende Konjunktionen) einleiten.

	subordinierende Konjunktion	koordinierende Konjunktion
weder … noch	○	○
sowohl … als auch	○	○
indem	○	○
als wenn	○	○
weil	○	○
sodass	○	○
dennoch	○	○
ebenso	○	○
seitdem	○	○
so … wie	○	○
sooft	○	○
bevor	○	○

Definition a)

Satzgefüge (Hypotaxen) bestehen aus Haupt- und Nebensätzen. Diese müssen passend verbunden werden, damit sie auf den Leser wie beabsichtigt wirken können. Verwenden Sie dazu Nebensatzkonjunktionen (unterordnende oder subordinierende Konjunktionen).

Aufgabe 2
Kreuzen Sie an, welche Überleitung eine Reihung, welche eine Steigerung und welche einen Gegensatz angibt.

	Reihung	Steigerung	Gegensatz
Noch wichtiger als … ist …	○	○	○
Nicht vergessen werden darf …	○	○	○
Einschränkend muss man jedoch feststellen, dass …	○	○	○
Dagegen spricht jedoch, dass …	○	○	○
Schwerer wiegt jedoch …	○	○	○
Dazu kommt noch, dass …	○	○	○
Nicht zuletzt deshalb, weil …	○	○	○
Nicht anders ist es mit …	○	○	○
Noch wichtiger ist jedoch …	○	○	○

Definition b)
Zwischen den Argumenten bzw. zwischen Argument und Beispiel sollte man so überleiten, dass kein gedanklicher Bruch entsteht oder die einzelnen Teile unverbunden nebeneinander stehen. Die Überleitungen sollten andeuten, ob nun eine weitere Aussage folgt, die dieselbe Zielrichtung hat, ob die nächste Aussage eine Steigerung bedeutet oder ob sich die Argumentation dreht und gegenteilige Argumente folgen.

KURZINFO

Satzgestaltung bei der Erörterung

Bei der Satzgestaltung sollten Sie beachten:

- Legen Sie Ihre Argumente in ganzen Sätzen dar, äußern Sie sich in Aussagesätzen, vermeiden Sie rhetorische Fragen.
- Verwenden Sie Hypotaxe (Satzgefüge), vermeiden Sie Parataxe (Satzreihen).
- Verbinden Sie Ihre Sätze sinnvoll. Verwenden Sie dazu passende Konjunktionen.
- Verwenden Sie zwischen den Argumenten bzw. zwischen den Beispielen Überleitungen, die die Argumentationsrichtung (Reihung, Steigerung, Gegensatz) anzeigen.

Zitate und Zitiertechnik

In diesem Abschnitt lernen Sie

1. In der textgebundenen Erörterung brauchen Sie Zitate, um Ihre Argumente belegen zu können.
2. Besonders auf der Ebene der Begründung und des Beispiels sind Textzitate wichtig.
3. Es gibt verschiedene Arten zu zitieren:
   - das wörtliche Zitat,
   - die sinngemäße Übernahme (Paraphrase),
   - den Verweis.
4. Welche Möglichkeit Sie wählen, hängt von der Wichtigkeit der Aussage des Textzitates ab. Sie sollten jedoch auch aus stilistischen Gründen zwischen den verschiedenen Möglichkeiten abwechseln.

Aufgabe 1 | Lösungen ab S. 169

Stellen Sie fest, ob es sich bei dem Text um ein wörtliches Zitat, eine Paraphrase oder einen Verweis handelt. Begründen Sie Ihre Entscheidung.

| Text 1

Philipp/Rolff weisen darauf hin, dass es bei der Arbeit am Schulprogramm immer Probleme geben wird. Bei der verordneten Schulprogrammentwicklung würde die Schule es als Pflichtübung sehen. Wenn Sie nicht verordnet sei, gäbe es ein Begründungs- und Motivationsproblem (vgl. E. Philipp/H.-G. Rolff, Schulprogramme und Leitbilder entwickeln, S. 10).

Es handelt sich um ______________________________

Begründung: ______________________________

____

| Text 2

Die PISA-Studie hat die Bildungslandschaft in Deutschland erheblich in Aufruhr gebracht. Viele Schulreformer und Politiker fordern deshalb die Einführung umfangreicher Tests. Auch der Erziehungswissenschaftler Jürgen Oelkers spricht sich für Tests aus, hält sie aber „nur vor dem Hintergrund von tatsächlicher Schulentwicklung" für angebracht (J. Oelkers, Wie man Schule entwickelt, Weinheim, Basel, Berlin 2003, S. 10).

Es handelt sich um ______________________________

Begründung: ______________________________

| Text 3
Die Arbeit am Schulprogramm ist immer problematisch. Darauf haben schon Philipp und Rolff in ihrem Arbeitsbuch hingewiesen (vgl. E. Philipp / H.-G. Rolff, Schulprogramme und Leitbilder entwickeln, S. 10).

Es handelt sich um ______________________________

Begründung: ______________________________

____

Definition a)
Die präziseste Möglichkeit einen Text wiederzugeben, bietet das wörtliche Zitat, also die wörtliche Übernahme aus einem anderen Text. Es kommt deshalb im textgebundenen Erörterungsaufsatz am häufigsten vor.

Definition b)
Bei der Paraphrase gibt man den Inhalt eines Textes oder einer Aussage mit eigenen Worten wieder. Dazu verwendet man den Konjunktiv, Anführungszeichen sind in diesem Fall überflüssig. Allerdings muss in der Quellenangabe nachgewiesen werden, woher man den zitierten Gedanken bezogen hat.

Definition c)
Beim Verweis geht man auf den Text, aus dem man den Gedanken bezogen hat, nicht weiter ein. Man verweist nur darauf. Ein Verweis ist immer dann sinnvoll, wenn schon öfter wörtlich zitiert wurde oder die Aussage ein Zitat nicht lohnt.

Zitate und Zitiertechnik

Beim Zitieren sollten Sie beachten:

- Um Gedanken aus fremden Texten in Ihrem Erörterungsaufsatz wiederzugeben, können Sie wörtlich zitieren, paraphrasieren oder auf den fremden Text verweisen.
- Das wörtliche Zitat ist die exakteste Möglichkeit, fremde Gedanken wiederzugeben. Zitieren Sie aber nur dann wörtlich, wenn der Inhalt des Zitats auch wirklich wichtig ist.
- Wenn nur ein Gedanke aus einem längeren Satz wichtig ist, sollten Sie zur Paraphrase greifen. Dies strafft Ihren Text.
- Der Verweis sollte nur erfolgen, wenn Sie auf einen anderen Text hinweisen wollen, Ihnen ein Zitat aber nicht angebracht erscheint.

KURZINFO

2 Problemerörterung

In diesem Abschnitt lernen Sie

1. Die Problemerörterung ist eine schriftliche Auseinandersetzung mit einem komplexen Zusammenhang, der nicht in einem Satz zu beantworten ist. Meist geht es darum
   - Begriffe voneinander zu unterscheiden,
   - Sachverhalte darzustellen,
   - divergierende Meinungen einander gegenüber zu stellen und gegeneinander abzuwägen,
   - Stellungnahmen abzugeben oder
   - Urteile zu fällen.
2. Das zu erörternde Problem ist dabei als **Frage** oder **Aussage** formuliert. Auch ein **Zitat** kann Ausgangspunkt für eine Problemerörterung sein. Der Problemerörterung liegt jedoch kein längerer Text zugrunde, sie wird deshalb auch freie oder textungebundene Erörterung genannt.
3. Die Aufgabenstellung kann eine dialektische oder eine steigernde Erörterung erforderlich machen.

Das Schaubild zeigt die Problemerörterung und nennt deren wichtigste Kennzeichen.

Formen der Erörterung

Problemerörterung — Literarische Erörterung — Texterörterung

textungebunden — textgebunden

Erörterungstypen	
linear (steigernd)	dialektisch (pro und kontra)
• Ergänzungsfrage • Wortfrage • sachbezogene Auseinandersetzung	• Entscheidungsfrage • Satzfrage • wertbezogene Auseinandersetzung

Ergebnis

- Klärung des Problems
- ausgewogenes eigenes Urteil

Untersuchung der Fragestellung

In diesem Abschnitt lernen Sie

1. Bei der Problemerörterung sind zwei grundsätzlich verschiedene Fragestellungen möglich.
2. Je nach Art der Fragestellung wird von Ihnen eine lineare (steigernde) Erörterung oder eine dialektische (Pro und Kontra-) Erörterung erwartet.
3. Sie müssen anhand der Fragestellung erkennen, welche Art der Problemerörterung Sie schreiben sollen.

Aufgabe 1 | Lösungen ab S. 170

Stellen Sie fest, ob bei den folgenden Themen eine lineare oder eine dialektische Erörterung erwartet wird.

Definition a)

Ein Fragetyp ist gekennzeichnet durch eine Ergänzungsfrage, auch W- oder Wortfrage genannt. Dieser Fragetyp erfordert eine Darlegung des in der Aufgabenstellung angesprochenen Sachverhalts. Beispiel: *Welche Ursachen führen Ihrer Meinung nach dazu, dass Jugendliche zu Drogen greifen?* Dieser Fragetyp weist auf eine lineare Erörterung hin.

Definition b)

Der andere Fragetyp ist gekennzeichnet durch eine Entscheidungsfrage, auch Satzfrage genannt. Dieser Fragetyp erfordert eine Diskussion des in der Aufgabenstellung angesprochenen Sachverhalts. Beispiel: *Ist es sinnvoll, Drogen zu verbieten?* Dieser Fragetyp weist auf eine dialektische Erörterung hin.

Thema	linear	dialektisch
Soll das Wahlalter in der Bundesrepublik Deutschland auf 16 Jahre gesenkt werden?	○	○
„Wir amüsieren uns zu Tode!" (Neil Postman) Erscheint Ihnen diese Behauptung Neil Postmans in Bezug auf unsere Gesellschaft gerechtfertigt?	○	○
Ist es erforderlich, den Verkauf von Zigaretten an Jugendliche unter 18 Jahren gesetzlich zu verbieten?	○	○
Die PISA- und die OECD-Studie haben Deutschland schlechte Bewertungen für die Schüler- und Lehrerleistungen attestiert. Nicht zuletzt deshalb fordern die Kultusministerien, die Schulen müssten sich in Organisation und Unterricht den neuen Gegebenheiten anpassen. Legen Sie dar, warum Sie dieser Forderung zustimmen, und erläutern Sie, was Sie in Ihrer Schule verändern und welche bewährten Konzepte und Einrichtungen Sie beibehalten möchten.	○	○

Thema	linear	dialektisch
Behinderte werden in unserer Gesellschaft noch immer benachteiligt. Der Staat, die Wirtschaft, aber auch die Bevölkerung sind aufgerufen, Abhilfe zu leisten. Zeigen Sie, welche Möglichkeiten Sie dazu haben.	○	○
Zu den wichtigsten gesellschaftlichen Problemen zählen momentan Ausländerfeindlichkeit und zunehmender Rechtsradikalismus. Legen Sie die Hauptursachen für diese Entwicklung dar und erörtern Sie Möglichkeiten, dem Rechtsextremismus wirksam entgegenzuarbeiten.	○	○
In der Oberstufe des Gymnasiums wird an den meisten Schulen die Anwesenheit im Unterricht streng kontrolliert und für jedes Fehlen eine schriftliche Entschuldigung verlangt. Im Beruf hat jede unentschuldigte Abwesenheit Konsequenzen. Diskutieren Sie, ob die gängige Abwesenheitsregelung sinnvoll ist.	○	○
Der Rauschgiftkonsum in der Bundesrepublik Deutschland nimmt zu, das Einstiegsalter sinkt. Legen Sie die Ursachen dar, die nach Ihrer Meinung dazu führen, dass Jugendliche zu Drogen greifen.	○	○
Legen Sie dar, ob es sinnvoll ist, Klassenfahrten an deutschen Schulen zu verbieten.	○	○
Der Lehrplan des Faches Deutsch verlangt ab der 9. Jahrgangsstufe die Lektüre von älterer Literatur aus dem Barock, der Aufklärung, der Klassik und Romantik. Zeigen Sie, warum es sinnvoll ist, dass sich die Schülerinnen und Schüler im 21. Jahrhundert mit den „Klassikern" der deutschen Literatur auseinandersetzen.	○	○
Muss sich das Gymnasium in Struktur, Organisation und Bildungsinhalten verändern, um den Anforderungen des 21. Jahrhunderts standhalten zu können?	○	○

KURZINFO

Untersuchung der Fragestellung

Bei der Untersuchung der Fragestellung sollten Sie beachten:

- Die Fragestellung zeigt Ihnen, welcher Erörterungstyp verlangt wird.
- Die Entscheidungsfrage (Satzfrage) weist auf eine dialektische Erörterung hin.
- Die Ergänzungsfrage (W-Frage oder Wortfrage) weist auf eine lineare Erörterung hin.

Grundlagen des Aufsatzes 1: Die dialektische Form der Erörterung

In diesem Abschnitt lernen Sie

1. Bei der dialektischen Erörterung wird die Erarbeitung und Darstellung kontroverser Ansichten zu einem bestimmten Problem, Ereignis oder Sachverhalt verlangt.
2. Am Ende müssen Sie eine eigenständige kritische Stellungnahme abgeben, die aus den Ergebnissen der Erörterung erwachsen ist.

1. Analyse der Aufgabenstellung

Aufgabe 1 | Lösungen ab S. 170

In der Oberstufe des Gymnasiums wird an den meisten Schulen die Anwesenheit im Unterricht streng kontrolliert und für jedes Fehlen eine schriftliche Entschuldigung verlangt. Im Beruf hat jede unentschuldigte Abwesenheit Konsequenzen. Diskutieren Sie, ob die gängige Abwesenheitsregelung sinnvoll ist.

Untersuchen Sie die Aufgabenstellung und ordnen Sie jeden Satz einer Funktion zu.

| Satz 1
In der Oberstufe des Gymnasiums wird an den meisten Schulen die Anwesenheit im Unterricht streng kontrolliert und für jedes Fehlen eine schriftliche Entschuldigung verlangt.

| Satz 2
Im Beruf hat jede unentschuldigte Abwesenheit Konsequenzen.

| Satz 3
Diskutieren Sie, ob die gängige Abwesenheitsregelung sinnvoll ist.

Funktion:
a Arbeitsauftrag
b Sachverhalt
c nähere Erläuterung

Lösung: 1 = ☐ 2 = ☐ 3 = ☐

Aufgabe 2
Finden Sie andere Formulierungsmöglichkeiten für den Arbeitsauftrag zu diesem Thema.

- ____________________
- ____________________
- ____________________

2. Die Stoffsammlung

Aufgabe 3
Ergänzen Sie die Stoffsammlung um weitere Aspekte.

- Für die Schüler gibt es bürokratische Hürden.
- Es entstehen keine Wissenslücken.
-
-
-
-
-
-
-
-
-
-
-
-

3. Die Stoffordnung

Aufgabe 4
Ordnen Sie die Argumente nach folgendem Schema.
Argumente für die derzeit übliche Abwesenheitsregelung:

-
-
-
-
-

Argumente gegen die derzeit übliche Abwesenheitsregelung:

-
-
-
-
-
-

4. Anordnung der Argumente

Aufgabe 5
Bringen Sie nun die Argumente in die richtige Reihenfolge. Orientieren Sie sich dabei an Definition a.

Argumente für die derzeit übliche Abwesenheitsregelung:

1.
2.
3.
4.
5.

Argumente gegen die derzeit übliche Abwesenheitsregelung:

1.
2.
3.
4.

Definition a)

Auch in der dialektischen Erörterung wollen Sie andere von Ihrer Meinung überzeugen. Sie sollten deshalb zuerst die Gegenargumente anführen und zwar so, dass Sie mit dem stärksten Argument beginnen und zum schwächsten fortschreiten. Dann dreht sich die Argumentation: Die von Ihnen für wichtiger und richtiger gehaltenen Argumente ordnen Sie dann wieder nach dem Prinzip der Klimax an: vom schwächsten zum stärksten.

Hinführung zum Thema	A **Einleitung**
Überleitung zum Hauptteil	B **Themafrage**
a) stärkste Gegenthese - Argument - Beispiel b) zweitstärkste Gegenthese - Argument - Beispiel c) drittstärkste Gegenthese - Argument - Beispiel d) viertstärkste Gegenthese - Argument - Beispiel	**B1 Hauptteil (Kontra eigene Meinung)**
Wendepunkt	**Wendepunkt**
a) schwächste Eigenthese - Argument - Beispiel b) viertstärkste Eigenthese - Argument - Beispiel c) drittstärkste Eigenthese - Argument - Beispiel d) zweitstärkste Eigenthese - Argument - Beispiel e) stärkste Eigenthese - Argument - Beispiel	**B2 Hauptteil (Pro eigene Meinung)**
Fazit	C **Schluss**

(nach: Jörg Schilling: Deutsch. Erörterung (Reihe Abi-Training). Ernst Klett Verlag, Stuttgart 2001, S.18)

5. Die Synthese

Aufgabe 6
Kreuzen Sie an, welche Aspekte in die Synthese passen.

Definition b)
Die Synthese steht am Ende des Hauptteils und gibt Ihr begründetes und schlüssig dargelegtes Ergebnis wieder. Die Synthese muss sachlich gehalten sein, persönlich gefärbte Ratschläge an den Leser sind zu vermeiden. In der Gliederung erscheint die Synthese nur als Nominalphrase.

	passt	passt nicht
Schülerinnen und Schüler der Oberstufe haben primär ihre schulischen Aufgaben zu erfüllen.	○	○
Der regelmäßige Schulbesuch und die Ausübung von Nebenjobs müssen koordiniert werden.	○	○
Schule und Nebenjobs haben nichts miteinander zu tun.	○	○
Die Schule muss eine Regelung finden, die es den Schülerinnen und Schülern erlaubt, sich eigenverantwortlich zu verhalten, ohne dass dabei schulrechtliche Bestimmungen verletzt werden.	○	○
Die Schule muss Toleranz und Strenge als Mittel einsetzen, die Selbstverantwortung zu fördern.	○	○
Ich hatte noch nie ein Problem in der Schule, auch wenn ich einen Nebenjob hatte.	○	○
Individuelle Regelungen, die den Schülerinnen und Schülern und ihrem sozialen Umfeld gerecht werden, müssen in der Schule möglich sein.	○	○

6. Einleitung und Schluss

Aufgabe 7
Kreuzen Sie an, welche Einleitungsgedanken passend sind. Beachten Sie Definition c.

Definition c)
In der Einleitung geht es darum, einen Gedanken zu formulieren, der den Leser anspricht. Dabei ist zu beachten, dass in der Einleitung nicht schon Kerngedanken des Hauptteils vorweggenommen werden dürfen. Die Einleitung soll zum Thema hinführen und den Leser auf den Hauptteil einstimmen.

	passt	passt nicht
Schülerinnen und Schüler der Oberstufe fehlen oft im Unterricht.	○	○
Nebenjobs wirken sich negativ auf das schulische Engagement und die regelmäßige Teilnahme am Unterricht aus.	○	○
Die derzeit übliche Abwesenheitsregelung ist unpassend.	○	○
Die Schule hat die Aufgabe, junge Menschen auf das Berufsleben vorzubereiten.	○	○
Die Anwesenheitskontrolle ist an verschiedenen Schulen unterschiedlich geregelt.	○	○
Ich bin dafür, dass es den Schülern überlassen wird, ob sie im Unterricht sein wollen oder nicht.	○	○
Selbstverantwortung muss gelernt und geübt werden – auch in der Schule. Inwiefern betrifft das die Regelung der Anwesenheit?	○	○

Aufgabe 8

Kreuzen Sie an, welche Schlussgedanken passend sind. Beachten Sie Definition d.

Definition d)

Der **Schluss entlässt den Leser aus dem Thema**, das zu erörtern war. Eine persönliche Stellungnahme ist in der dialektischen Erörterung deshalb hier fehl am Platz; sie muss in der Synthese dargelegt werden. Der Schluss sollte gedanklich an die Einleitung anknüpfen und die Ergebnisse aus dem Hauptteil einbeziehen.

	passt	passt nicht
Die Schule ist nur eine Institution von vielen, die es jungen Menschen ermöglicht, ihr Weltwissen und ihre soziale Kompetenz zu erweitern.	○	○
Bei Nebenjobs lernen Schülerinnen und Schüler die Arbeits- und Berufswelt kennen.	○	○
Erziehung zur Selbstständigkeit muss Freiräume schaffen.	○	○
Für sozial Schwächere wird der Schulbesuch künftig oft mit der Ausübung von Nebenjobs einhergehen.	○	○

	passt	passt nicht
Schülerinnen und Schüler beziehen oft aus praktischen Tätigkeiten das Selbstwertgefühl, das ihnen aufgrund ihrer schulischen Leistungen versagt bleibt.	○	○
Nebenjobs können lehrreich sein, aber für mich wäre das nichts.	○	○
Die Lehrer sollte es nicht interessieren, ob man in ihrem Unterricht da ist oder nicht.	○	○

7. Gliederung

Aufgabe 9

Schreiben Sie eine Gliederung zum Thema *In der Oberstufe des Gymnasiums wird an den meisten Schulen die Anwesenheit im Unterricht streng kontrolliert und für jedes Fehlen eine schriftliche Entschuldigung verlangt. Im Beruf hat jede unentschuldigte Abwesenheit Konsequenzen. Diskutieren Sie, ob die gängige Abwesenheitsregelung sinnvoll ist.*

A. ______________________________

B. ______________________________

I. ______________________________

____

____

____

____

____

____

____

____

____

____

II.

III.

C.

KURZINFO

Grundlagen des Aufsatzes 1

Bei den Vorarbeiten zu einer dialektischen Erörterung sollten Sie beachten:

- Bei einer dialektischen Erörterung muss der im Thema formulierte Sachverhalt diskutiert werden.
- Ihre Aufgabe ist es nicht, prinzipiell einer Seite zuzustimmen. Vielmehr verlangt das Thema, dass Sie eine kritische Schreibhaltung einnehmen.
- Sie müssen die möglichen Pro- und Kontra-Argumente darlegen und sich um eine überzeugende Lösung des Problems bemühen. Diese stellen Sie in der Synthese oder im Schluss dar.

Grundlagen des Aufsatzes 2: Die lineare Form der Erörterung

In diesem Abschnitt lernen Sie

1. In der steigernden (linearen) Erörterung wird die **Erarbeitung begründeter Sachurteile** zu einem Problem, Ereignis oder Sachverhalt verlangt. Deshalb sollten Sie die Bedeutung und die Tragweite eines Problems sowie den Stellenwert, den es einnimmt, darlegen.
2. Mögliche Untersuchungsaspekte sind dabei Ursachen, Folgen und Konsequenzen.

1. Analyse der Aufgabenstellung

Aufgabe 1 | Lösungen ab S. 173

Zu den wichtigsten gesellschaftlichen Problemen zählen momentan Ausländerfeindlichkeit und zunehmender Rechtsradikalismus. Legen Sie die Hauptursachen für diese Entwicklung dar und erörtern Sie Möglichkeiten, dem Rechtsextremismus wirksam entgegenzuarbeiten.

Untersuchen Sie die Aufgabenstellung und ordnen Sie jeden Satz einer Funktion zu.

| Satz 1

Zu den wichtigsten gesellschaftlichen Problemen zählen momentan Ausländerfeindlichkeit und zunehmender Rechtsradikalismus.

| Satz 2

Legen Sie die Hauptursachen für diese Entwicklung dar und erörtern Sie Möglichkeiten, dem Rechtsextremismus wirksam entgegenzuarbeiten.

Funktion:

a Arbeitsauftrag

b Sachverhalt

Lösung: 1 = ☐ 2 = ☐

Aufgabe 2

Der Arbeitsauftrag ist zweiteilig angelegt. Notieren Sie, was von Ihnen erwartet wird.

1. ______________________________

____

2. ______________________________

____

Aufgabe 3

Formulieren Sie Hilfsfragen, mit denen Sie die zweiteilige Aufgabenstellung erschließen können.

Zum ersten Teil:

- ______________________________
- ______________________________
- ______________________________
- ______________________________
- ______________________________

Zum zweiten Teil:

- ______________________________
- ______________________________
- ______________________________
- ______________________________

2. Stoffsammlung und Stoffordnung

Aufgabe 4
Ergänzen Sie die Stoffsammlung um weitere Aspekte. Schreiben Sie diese geordnet nach den beiden Abschnitten des Hauptteils nieder.

Zum ersten Teil:

- Angst vor Arbeitslosigkeit
-
-
-
-

Zum zweiten Teil:

- mehr Vertrauen in die Politik nötig
-
-
-
-

3. Einleitung und Schluss

Aufgabe 5
Kreuzen Sie an, welche Aspekte in die Einleitung passen. Beachten Sie Definition a.

Definition a)
Die Einleitung soll thematisch zum Thema hinführen. Wichtig ist dabei, dass Sie in der Einleitung keine Argumente aus dem Hauptteil vorwegnehmen.

	passt	passt nicht
Hinweis auf kürzlich stattgefundene Wahlen, in denen eine rechtsextreme Partei Stimmengewinne verzeichnen konnte	○	○
Hinweis auf die Angst vieler Menschen vor Arbeitslosigkeit	○	○
Verweis auf ein selbst erlebtes Beispiel von Ausländerfeindlichkeit oder Rechtsradikalismus	○	○

	passt	passt nicht
Verweis auf Herrschaft der Nationalsozialisten über Deutschland	○	○
Verweis auf gesellschaftliche Ungerechtigkeiten	○	○

Aufgabe 6
Kreuzen Sie an, welche Schlussgedanken passend sind. Beachten Sie Definition b.

Definition b)
Achten Sie auf einen sinnvollen Schluss. Äußern Sie keine Allgemeinheiten, knüpfen Sie bewusst an die Einleitung an. Nehmen Sie dabei aber die Aspekte, die sich aus dem Hauptteil des Erörterungsaufsatzes ergeben haben, in Ihre abschließende Betrachtung auf.

	passt	passt nicht
Klare Aussagen von Politikern gegen den Rechtsradikalismus	○	○
Engagement der Presse für die Demokratie	○	○
Eintreten des Einzelnen für ausländische Mitbürger	○	○
Rechtsextremes Gedankengut auch in anderen europäischen Ländern	○	○
Nationalsozialismus ist bereits Geschichte	○	○

4. Gliederung

Aufgabe 7
Schreiben Sie eine Gliederung zum Thema
Zu den wichtigsten gesellschaftlichen Problemen zählen momentan Ausländerfeindlichkeit und zunehmender Rechtsradikalismus. Legen Sie die Hauptursachen für diese Entwicklung dar und erörtern Sie Möglichkeiten, dem Rechtsextremismus wirksam entgegenzuarbeiten.

A. ____

____

B. ____

____

I.

II.

C.

Grundlagen des Aufsatzes 2

Bei den Vorarbeiten zu einer linearen Erörterung sollten Sie beachten:

- Untersuchen Sie zuerst die Aufgabenstellung genau. Beachten Sie dabei vor allem den Arbeitsauftrag.
- Halten Sie bei den Vorarbeiten eine sinnvolle Reihenfolge ein:
  - Sammeln Sie Argumente.
  - Ordnen Sie diese nach Aspekten.
  - Finden Sie für Ihren Erörterungsaufsatz eine passende Einleitung und einen sinnvollen Schluss.
- Erstellen Sie eine Gliederung, die den Inhalt und den Aufbau Ihres Erörterungsaufsatzes widerspiegelt.

KURZINFO

Checkliste: Die Problemerörterung

1. Die wichtigsten Arbeitsschritte

Untersuchung der Aufgabenstellung:

- Handelt es sich um eine dialektische oder um eine steigernde Erörterung?
- Liegt der Aufgabenstellung eine Aufgabe, eine Frage oder ein Zitat zugrunde?

Stoffsammlung:

- Welche Gesichtspunkte ergeben sich durch Nachdenken (Brainstorming)?
- Können Sie erste Gedanken in der Form der Stichwortliste oder des Clusters festhalten?

Stoffordnung:

- Ordnen Sie Ihre Gedanken nach Oberbegriffen in der Form der geordneten Stichwortliste.
- Unterscheiden Sie bei der dialektischen Erörterung nach Pro- und Kontra-Argumenten.

Anfertigen einer Gliederung:

- Die Gliederung kann zuerst als Arbeitsgliederung angelegt sein, muss aber am Ende in Reinform übertragen werden, wenn sie abgegeben werden muss.
- Die Gliederung besteht aus drei Teilen: Einleitung, Hauptteil und Schluss. Der Verlauf der Argumentation wird im Hauptteil beschrieben.
- Der Hauptteil der Gliederung zeigt einen steigernden Aufbau. Bei der linearen Erörterung findet sich das schwächste Argument am Anfang, das stärkste am Schluss. Die dialektische Erörterung ist anders aufgebaut: Zuerst wird die Antithese genannt; sie beginnt mit dem gewichtigsten Argument und endet mit dem schwächsten. Dann dreht sich die Argumentation, die These folgt: Sie beginnt mit dem schwächsten Argument und endet mit dem aussagekräftigsten.
- Die Gliederung kann nach dem numerischen (I., II., II.1, II.2, III.) oder nach dem alphanumerischen Prinzip (A., B., B.I, B.I.1, B.II., C.) gestaltet sein. Sie müssen aber das gewählte Gliederungsprinzip bis zum Schluss durchhalten.

Gestaltung der Argumentation:

- Das Grundschema, nach dem ein Argument ausgeführt wird, ist folgendes:

These → Begründung → Beispiel → Rückführung / Schlussfolgerung

- Um Ihrer Argumentation mehr Gewicht zu verleihen, sollten Sie die Argumentationskette dem Argumentationskreis vorziehen.
- Wechseln Sie aus stilistischen Gründen zwischen deduktiver und induktiver Argumentation ab.

Zusammenfassung der Gedanken in der Synthese:
- Fassen Sie die Ergebnisse Ihrer Argumentation in der dialektischen Erörterung in Form einer Synthese zusammen. Die Synthese ist der dritte Hauptpunkt im Hauptteil der Arbeit.
- Bei der linearen Erörterung kann die Synthese im Schlussteil der Arbeit ausgeführt werden.

Gestaltung von Einleitung und Schluss:
- Führt die Einleitung zum Hauptteil hin, ohne einen wichtigen Aspekt vorwegzunehmen?
- Knüpft der Schluss an die Einleitung an? Werden die wichtigsten Aspekte aus dem Hauptteil in den Schlussgedanken einbezogen?
- Rundet der Schluss die Arbeit angemessen ab?

2. Ausführung

Die Argumentation im Aufsatz:
- Begründen Sie Ihre Aussagen. Wenn Sie nur Behauptungen aufstellen, können Sie niemand überzeugen.
- Widersprechen Sie sich in These und Antithese nicht.
- Wählen Sie die Argumente und die Beispiele so, dass sie von allgemeiner Bedeutung sind. Argumente und Beispiele, die sich auf Ihre persönliche Situation oder auf Ihren Bekanntenkreis beziehen, überzeugen in der Regel nicht.
- Beachten Sie, dass die Rückführung zur These notwendig ist, damit Ihre Argumentation nicht in der Luft hängt.

Die sprachliche Gestaltung:
- Verwenden Sie eine sachlich-argumentative Sprache, die den Leser überzeugt.
- Bilden Sie nicht zu einfache Sätze; verwenden Sie bevorzugt Satzgefüge, nicht Satzreihen.

3. Ergebnis

inhaltlich:
- Kommen Sie am Ende zu einem gut begründeten, gedanklich eigenständigen Urteil.

formal:
- Achten Sie darauf, dass Ihr Aufsatz zur Gliederung passt.

Musterklausur 1: Die dialektische Erörterung

Aufgabenstellung

Alkohol – Genussmittel oder Gefahrenquelle?
Setzen Sie sich mit dieser Alternative begründet auseinander.

Checkliste für die Bearbeitung der Aufgabe

Diese Aufgabenstellung gibt die Zielrichtung der Erörterung recht genau vor:

- Das Thema kreist um die Fragestellung „Ist Alkohol primär ein Genussmittel oder eine Gefahrenquelle?". Die Aufgabenstellung beinhaltet keine Wertung, Sie können also frei entscheiden, welche Richtung Sie Ihrer Argumentation geben möchten.
- Beide Aspekte – Alkohol als Genussmittel und Alkohol als Gefahrenquelle – sind vertretbar. Ihre Aufgabe besteht darin, die beiden Perspektiven auszuleuchten und zu einem begründeten und nachvollziehbaren Urteil zu kommen. Wichtig ist dabei, dass Sie sich in dieser Thematik auskennen. Wenn Sie über die organischen Folgen von Alkoholmissbrauch schreiben, sollten Sie diese exakt benennen können. Oft werden die Themenbereiche der dialektischen Erörterung im Unterricht vorbereitet; setzen Sie sich schon in diesem Stadium mit den Fakten auseinander und prägen Sie sie sich ein, so dass Sie dann gezielt darauf zurückgreifen können. Denken Sie daran, dass Ihre Argumente immer in der Sache stimmig und schlagkräftig sein müssen.
- Zwar bilden die beiden Aspekte keinen absoluten Widerspruch, doch stehen sie in einem Spannungsverhältnis, das geklärt werden will. Es bietet sich also an, die beiden Hauptpunkte der Erörterung (die Pro- und die Kontra-Aspekte) darauf zu beziehen. Wenn Sie so vorgehen, haben Sie schon die beiden Gliederungspunkte für den Hauptteil festgelegt.
- Die Synthese, der dritte Hauptpunkt des Hauptteils, ergibt sich aus der Abwägung dieser Argumente.
- Nun geht es noch darum, eine passende Einleitung und einen Schluss zu finden, der Ihren Erörterungsaufsatz abrundet.

Ergebnisse der Vorarbeiten

Der Erörterungsaufsatz ist grundsätzlich dreiteilig aufgebaut; er besteht aus Einleitung, Hauptteil und Schluss. Die Besonderheit bei der dialektischen Erörterung besteht darin, dass auch im Hauptteil drei Abschnitte erwartet werden. Der erste beschäftigt sich mit der These, der zweite mit der Antithese. Im dritten Abschnitt, der Synthese, ziehen Sie ein Resümee, in dem Sie die Argumente aus den anderen beiden Teilen gewichtend zusammenfassen und zu einem begründeten eigenen Urteil kommen.

Folgende Aspekte sollten Sie beim Schreiben berücksichtigen:

Zu A. Einleitung:
Spitzenstellung der Deutschen im Alkoholkonsum

In Ihrer Erörterung werden Sie sich mit Fragen des Alkoholkonsums beschäftigen. Sie sollten in der Einleitung Fakten nennen, die die Aussage, die Deutschen seien Spitzenreiter im Konsum von Alkohol, belegen.

Zu B. Hauptteil:
Ist Alkohol ein Genussmittel oder eine Quelle für vielerlei Gefahren?

I. Positive Aspekte von Alkohol
In diesem Gliederungspunkt geht es um die Sammlung und das Abwägen von Argumenten, die für den Alkoholgenuss sprechen, ihn zumindest plausibel erscheinen lassen. Da Alkohol in unserer Gesellschaft allgegenwärtig ist, sollten Sie deshalb alle Aspekte, die für Alkoholgenuss sprechen, realistisch darstellen.

II. Gefahren durch Alkoholkonsum
Auch in diesem Gliederungspunkt ist es wichtig, nicht zu übertreiben und Horrorszenarien an die Wand zu malen – diese überzeugen keinen Leser! Stellen Sie sachlich und unter Einbeziehung Ihres Faktenwissens glaubhaft dar, welche Folgen bei Alkoholmissbrauch auftreten können. Wichtig ist dabei, wie auch bei Gliederungspunkt I, dass Sie treffende Beispiele zur Stützung Ihrer Argumente heranziehen.

III. Unbedenklichkeit des Alkohols bei vernünftigem Handeln
Hier sollen Sie noch einmal die Kernpunkte Ihrer Argumentation in den Gliederungspunkten I und II gegenüberstellen und zu einem glaubhaften eigenen Ergebnis kommen. Hüten Sie sich aber vor einer vollständigen Aufzählung aller Pro- und Kontra-Argumente; suchen Sie stattdessen nach Oberbegriffen oder Gesichtspunkten, die die Kernthesen der Argumentation zusammenfassen.

C. Schluss:
Gebotene Vorsicht beim Umgang mit Alkohol
Der Schluss der Erörterung dient – wie in jedem Aufsatz – der Abrundung der Darstellung. Stellen Sie deshalb einen Bezug zur Einleitung her. Beziehen Sie dabei die Erkenntnisse, die Sie im Hauptteil gewonnen haben, mit ein.

Ausformulierte Lösung

Gliederung

A. Spitzenstellung der Deutschen im Alkoholkonsum

B. Ist Alkohol ein Genussmittel oder eine Quelle für vielerlei Gefahren?
- I. Positive Aspekte von Alkohol
  1. Alkohol als Genussmittel
  2. Positive Auswirkungen des Alkohols auf den Organismus
     a. Hilfe bei Verdauungsproblemen
     b. Entspannende Wirkung des Alkohols
  3. Erleichterung bei sozialen Kontakten
     a. Herabsetzung von unnötigen Hemmschwellen
     b. Alkohol als Hobby
  4. Alkoholika als „Kulturgut"
- II. Gefahren durch Alkoholkonsum
  1. Gesundheitliche Risiken
  2. Konflikte mit dem Gesetz
     a. Geringere Hemmschwelle für Straftaten
     b. Probleme beim Autofahren
  3. Gefahr der Abhängigkeit
  4. Alkoholmissbrauch als Auslöser von wirtschaftlichen und sozialen Problemen
     a. Verlust des Arbeitsplatzes
     b. Zerstörung von Freundschaften und Familien
- III. Unbedenklichkeit des Alkohols bei vernünftigem Handeln
  1. Aufklärung durch die Öffentlichkeit
  2. Aufklärung im Elternhaus

C. Gebotene Vorsicht beim Umgang mit Alkohol

A. Einleitung: Spitzenstellung Deutschlands beim Alkoholkonsum

Jeder deutsche Bundesbürger konsumiert durchschnittlich 10,3 Liter reinen Alkohol pro Jahr – die Tendenz ist steigend. Da diese Statistik auch Kinder und alte Menschen erfasst, die normalerweise wenig bis gar keinen Alkohol trinken, ist die tatsächliche Menge, die von der Alkohol trinkenden Bevölkerung zu sich genommen wird, aber noch sehr viel höher einzuschätzen. Deutschland liegt damit an der Weltspitze und wird nur noch von Frankreich übertroffen. In anderen Ländern, wie z.B. in Skandinavien, erhebt der Staat drastische Steuern auf alkoholische Getränke und schränkt den Konsum dadurch ein. Bei allem, was man über den Alkohol, seine Wirkung und den Umgang damit weiß, sollte man sich fragen, ob Alkohol nun als Genussmittel oder eher als Gefahrenquelle angesehen werden muss.

B. Hauptteil:
Ist Alkohol ein Genussmittel oder eine Quelle für vielerlei Gefahren?

Da in Deutschland, wie fast überall auf der Welt, gerne und nicht wenig Alkoholika konsumiert werden, liegt es auf der Hand, dass der Alkohol einige Vorzüge, zumindest subjektiver Art, besitzen muss.

I. Vorzüge des Alkohols

1. Alkohol als Genussmittel

Hierzu ist zunächst einmal zu erwähnen, dass Alkohol ein geschmackliches Genussmittel darstellt. Viele alkoholhaltige Getränke, besonders solche, die in kleineren Mengen genossen werden, wie z. B. Spirituosen oder Wein, sind für viele Menschen eine Delikatesse, die zu einer guten Mahlzeit gehört. Aber auch auf das Bier möchte so mancher Genießer nicht verzichten.

2. Positive Auswirkungen des Alkohols auf den Organismus

a) Verdauungshilfe

Ein weiterer Punkt ist, dass Alkoholgenuss in geringen Mengen auch positive Auswirkungen auf den Organismus hat. So empfinden viele Menschen den Aperitif vor dem Essen als appetitanregend und auch nach dem Essen ist ein Verdauungsschluck oft gut bekömmlich.

b) Entspannende Wirkung des Alkohols

Nach einem hektischen Tag, der Stress und Anspannung verursacht hat, kann ein Glas Wein oft entspannend und beruhigend wirken, sodass der Körper Ruhe findet und neue Kraft schöpfen kann.

3. Erleichterung von sozialen Kontakten

a) Herabsetzen von Hemmschwellen

Eine wichtige Tatsache ist auch, dass der Alkoholkonsum das Knüpfen bzw. Pflegen sozialer Kontakte für manche Menschen erleichtert. Dieser Punkt wird oftmals kritisch betrachtet, aber es gibt Menschen, die anderen Personen gehemmt gegenübertreten und dadurch oft kontaktarm sind. Für diese Menschen kann der gemäßigte Genuss von alkoholischen Getränken manchmal hilfreich sein, da oft unnötige Hemmungen und Ängste etwas leichter überwunden werden. Sie können ihrer Umwelt dann mehr von ihrer Persönlichkeit offenbaren, wodurch sie für andere Menschen interessanter werden, sodass diese mehr auf sie zugehen und verstärkten Kontakt mit ihnen suchen.

b) Alkoholgenuss als Hobby

Einigen Menschen ist der Alkoholgenuss sogar zum Hobby geworden, wie z. B. passionierten Weinkennern und -testern. Sie besuchen daher gerne und oft gesellschaftliche Veranstaltungen, wie beispielsweise Weinproben oder Versteigerungen, und lernen dort häufig auch Menschen mit den gleichen Interessen kennen, was gute Voraussetzungen für eine Freundschaft bietet.

4. Alkoholika als Kulturgut

Nicht zuletzt muss der Aspekt genannt werden, dass bestimmte Alkoholika in manchen Ländern zum Kulturgut gehören. Der Biergenuss ist z. B. in Bayern eine seit langer Zeit gepflegte Tradition, die manche Menschen direkt mit ihrer Heimat verbinden. Für viele Bayern gehört das Glas Bier ebenso zum Feierabend wie die Fernsehnachrichten. Auch von Ausländern wird diese Tradition gewürdigt, was man am Münchner Oktoberfest beobachten kann: Den Touristen gefällt die bayerische „Gemütlichkeit“, die sie mit dem Bier verbinden.

II. Gefahren durch Alkoholkonsum

Trotz dieser Vorzüge der verschiedenen Alkoholika lehnen viele Menschen den Alkoholkonsum ab, da dieser vor allem bei unvernünftigem Gebrauch viele Gefahren mit sich bringen kann.

1. Gesundheitliche Risiken

Als Erstes ist hierzu anzuführen, dass Alkoholgenuss in zu großen Mengen gesundheitliche Risiken mit sich bringen kann. Gerade bei Menschen, die nicht an Alkohol gewöhnt sind, kann schon ein einziger Vollrausch Schädigungen im Bereich des zentralen Nervensystems bewirken, die der Körper allerdings wieder zurückbilden kann. In sehr hoher Dosis wirkt Alkohol als Gift und kann Kreislaufzusammenbrüche verursachen, die auch zum Tod führen können.
Weitaus häufiger und im Normalfall auch schwerwiegender sind die Auswirkungen von regelmäßigem Alkoholmissbrauch. Konsumiert man über einen längeren Zeitraum hinweg große Mengen an Alkohol, so lässt die Alkoholverträglichkeit nach, was der Körper zunächst mit Symptomen wie beispielsweise Zittern der Hände, Übelkeit bis zum Erbrechen oder Wadenkrämpfen signalisiert.
Mit der Zeit werden die Organe in ihrer Funktion derart beeinträchtigt und geschädigt, dass schwerwiegende Erkrankungen, wie z. B. Entzündungen der Magenschleimhaut oder der Bauchspeicheldrüse und Leberzirrhose auftreten können. Auch stellen sich Konzentrations- und Reaktionsschwächen ein und es kann sogar zu Persönlichkeitsveränderungen kommen.

2. Konflikte mit dem Gesetz

Übermäßiger Alkoholgenuss kann nicht nur körperliche Schäden nach sich ziehen, sondern auch dazu führen, dass man mit dem Gesetz in Konflikt gerät.

a) Geringere Hemmschwelle bei Straftaten

Durch übermäßigen Alkoholgenuss wird die Hemmschwelle stark herabgesetzt, was bewirken kann, dass der Betrunkene Handlungen ausführt, zu denen er in nüchternem Zustand nie fähig wäre. Auch ist man im Rauschzustand leichter erregbar, und so kann es passieren, dass sich ein ansonsten angesehener Bürger, der sich sein ganzes Leben lang noch nichts zu Schulden hat kommen lassen, strafbar macht, indem er z. B. einen Kontrahenten tätlich angreift. Die Bereitschaft, schlimmere Gesetzeswidrigkeiten wie beispielsweise Einbruch oder Diebstahl zu begehen, steigt ebenfalls, da der Mensch unter starkem Alkoholeinfluss nicht mehr fähig ist, klar zu denken und das Ausmaß seiner Taten abzuschätzen.
An den Folgen so eines Ausrutschers hat der Betroffene oft für lange Zeit zu leiden, manchmal sogar sein ganzes Leben lang, wie z. B. bei einer Schlägerei mit Todesfolge.

b) Autofahren unter Alkoholeinfluss

Auch durch das Autofahren unter Alkoholeinfluss geraten Alkoholkonsumenten häufig mit den Ordnungshütern aneinander. Viele Führerscheinbesitzer kennen diese Situation aus eigener Erfahrung, da schon beim Fahren mit 0,5 Promille, welche man bereits je nach Konstitution durch zwei Glas Wein im Blut hat, gegen die derzeit gültige Gesetzeslage verstoßen wird, selbst wenn kein ersichtlicher Fahrfehler vorliegt. Bei Verwicklung in einen Unfall wird schon ab 0,3 Promille davon ausgegangen, dass dieser durch den Alkoholpegel mitverursacht wurde, was dazu führen kann, dass man seinen Versicherungsschutz verliert und dadurch für alle entstandenen Schäden alleine aufkommen muss. Zudem hat man eine Straftat begangen, deren Auswirkungen man oft lange zu spüren bekommt.

3. Gefahr der Abhängigkeit

Als weiterer wichtiger Punkt muss die Gefahr der Alkoholabhängigkeit angesprochen werden. Schnell wird eine Person, die zu Beginn nur selten Alkohol konsumierte, zum Gewohnheitstrinker, der Tag für Tag Alkohol zu sich nimmt. Fängt man dann an, Alkohol zu trinken, um persönliche Probleme zu vergessen, so ist dies der erste Schritt in die Abhängigkeit. Anstatt bestehende Schwierigkeiten zu bekämpfen, geht man dazu über, seine Sinne mit Alkohol zu betäuben, um nicht mehr nachdenken zu müssen. Im Laufe der Zeit häufen sich die Probleme, sodass es immer schwieriger wird, sie zu beseitigen, und der Betroffene keinen Ausweg mehr sieht, und er deshalb erst recht zur Flasche greift. Das unweigerliche Auftreten körperlicher Alkoholabhängigkeit macht die Situation immer auswegloser und es entsteht ein Teufelskreis, der die Anhäufung von Problemen bewirkt und die Alkoholabhängigkeit meist noch verschlimmert.

4. Alkoholmissbrauch als Auslöser von wirtschaftlichen und sozialen Problemen

Alkoholmissbrauch stellt also eine nicht zu verharmlosende Gefahr des Alkohols dar, da sie zur Sucht führen kann, welche auf Dauer Auswirkungen hat, die den Süchtigen ruinieren.

a) Arbeitsplatzverlust

Die Konzentrations- bzw. Leistungsfähigkeit wird, wie schon oben ausgeführt, stark beeinträchtigt. Auch besteht die Gefahr ernsthafter Erkrankungen, was über kurz oder lang bewirkt, dass die Arbeitsmotivation, aber auch die Arbeitsfähigkeit des Süchtigen stark nachlässt. Die Krankheitstage häufen sich und selbst wenn der Abhängige noch regelmäßig zur Arbeit erscheint, wird er wohl nicht mehr dieselbe Leistung bringen wie früher. Dies kann dazu führen, dass der Süchtige seinen Arbeitsplatz verliert und damit auch seine Existenzgrundlage. Die Möglichkeit, eine neue Arbeitsstelle zu finden, ist dann nicht sehr groß, und so wird man schnell zum Sozialfall.

b) Zerstörung von Freundschaften und Familien

Neben der materiellen Notlage entstehen auch persönliche Probleme. Freundschaften und Familien können am Trinken zu Grunde gehen, da die Sucht die Persönlichkeit eines Menschen verändert und der Alkoholiker in seinen Rauschzuständen unberechenbar wird. Der Abhängige betrinkt sich trotz oft anders lautender Versprechen immer wieder und auch in nüchternem Zustand hat er oft den Bezug zur Realität verloren, wodurch nach einer gewissen Zeit die Menschen die Geduld mit ihm verlieren. Sie kommen mit dem Süchtigen nicht mehr klar und wenden sich von ihm ab. Dies bedeutet für die Betroffenen, dass sie vereinsamen und niemand mehr haben, der ihnen hilft.

III. Unbedenklichkeit des Alkohols bei vernünftigem Handeln

Alle genannten Aspekte sind Gefahren, die der Alkohol potenziell in sich trägt, die aber bei verantwortungsvollem Handeln vermeidbar sind. Dies bewegt mich dazu, einen vernünftigen Umgang mit Alkohol zu propagieren, da der Alkoholgenuss in geringen Mengen unbedenklich ist.

a) Aufklärung durch die Öffentlichkeit

Um diesen Effekt zu erreichen, müssen die Menschen nun aber zuerst einmal über Wirkung, Gefahren und mögliche Folgen des Alkoholkonsums aufgeklärt werden. So muss man z. B. über gesundheitliche Schädigungen, die durch häufigen Alkoholgenuss verursacht werden können, Bescheid wissen, auch die Gesetzeslage muss bekannt sein. Es ist vorteilhaft, diese Erkenntnisse schon früh zu vermitteln, da Alkohol gerade für Jugendliche reizvoll erscheint und sie oft schon mit 12 oder 13 Jahren erste Erfahrungen machen. Aus diesem Grund muss gerade auf diese Altersgruppe zugegangen werden, sodass es sich anbietet, das Thema Alkohol in der Schule zu behandeln. Auch Informationsveranstaltungen der Polizei vor allem zum Thema Alkohol am Steuer, z. B. in Diskotheken oder bei Jugendveranstaltungen, sind zu befürworten, weil damit Gefahren deutlich gemacht und dadurch oft Einsicht erzielt werden kann.

b) Aufklärung im Elternhaus

Am wichtigsten ist wohl das Elternhaus. Gerade die Erziehungsberechtigten sind gefordert, die Kinder aufzuklären, ihnen ein gutes Beispiel zu geben, und damit Gefahren, die der Alkohol mit sich bringt, zu vermeiden.

C. Vorsicht beim Umgang mit Alkohol

In unserer Gesellschaft gehört Alkohol aber zum täglichen Leben. Man sollte trotzdem nicht vergessen, dass er auch Gift und Rauschmittel sein kann und deshalb immer Vorsicht im Umgang mit Alkohol geboten ist. Die genannte Menge, die der Durchschnittsbürger statistisch Jahr für Jahr zu sich nimmt, ist bedenklich. Deshalb sollte jeder Einzelne überprüfen, ob sein Alkoholkonsum noch vertretbar ist.

Musterklausur 2: Die steigernde Erörterung

Aufgabenstellung

„Was immer unsere Zeit sein mag: sie ist jedenfalls auch das Zeitalter der Wechselwirtschaft zwischen Utopien und Apokalypsen, zwischen Diesseitserlösungs-Enthusiasmus und Katastrophengewissheit, zwischen den Naherwartungen einerseits des Himmels auf Erden, andererseits der Hölle auf Erden [...]. Warum gehören zu unserer Welt beide?"
Setzen Sie sich mit dieser These des Philosophen Odo Marquard auseinander.

Checkliste für die Bearbeitung der Aufgabe

Die Aufgabenstellung zu dieser Erörterung ist sehr offen gehalten. Aus dem Textauszug von Odo Marquard können Sie aber eine gewisse Strukturierung Ihres Aufsatzes ableiten:

- Es werden zwei Schlüsselbegriffe genannt („Utopien" und „Apokalypsen"), die Sie in einer Erörterung immer definieren sollten, damit Sie und Ihre Leser begriffliche Klarheit haben.
- Des Weiteren sollen Sie sich mit der These Marquards („... unsere Zeit ... ist ... das Zeitalter der Wechselwirtschaft zwischen Utopien und Apokalypsen ...") auseinandersetzen. Um diese These diskutieren zu können, müssen Sie sich zuerst mit Hilfe von selbst gewählten Beispielen Klarheit darüber verschaffen, welche Utopien und welche apokalyptischen Vorstellungen derzeit relevant sind.

Wenn Sie dann die These des Philosophen diskutieren, sollten Sie deutlich machen, dass Sie sich auch mit seiner Beurteilung von Utopie und Apokalypse (er spricht von „Diesseitserlösungs-Enthusiasmus" oder „Himmel auf Erden" bzw. „Katastrophengewissheit" oder „Hölle auf Erden") auseinandergesetzt haben. Zudem sollten Sie Ihren Aufsatz mit Einleitung und Schluss, die der Erörterung der These einen angemessenen Rahmen geben, versehen.

Ergebnisse der Vorarbeiten

Auch der steigernde Erörterungsaufsatz ist dreiteilig aufgebaut (Einleitung, Hauptteil, Schluss). Im Hauptteil ist die Anzahl der Gliederungspunkte jedoch abhängig von der Themenstellung und Ihren Ideen. Es gibt keine Richtlinie, wie viele Unterpunkte Sie in der Gliederung nennen sollen. Als Norm können jedoch drei bis sieben Aspekte gelten – je nachdem, wie differenziert diese untergliedert sind. Ob Sie alle Aspekte im Aufsatz ausführen müssen oder ob es hier eine Einschränkung gibt, sollten Sie rechtzeitig klären.

Folgende Aspekte sollten Sie beim Schreiben berücksichtigen:

Zu A. Einleitung:
Nachdenken über die Zukunft

In Ihrer Erörterung werden Sie sich mit Fragen beschäftigen, welche die Zukunft des Menschen, evtl. der ganzen Menschheit, betreffen. Beim Stichwort „Zukunft" sollten Sie deshalb mit Ihren einleitenden Gedanken anknüpfen.

Zu B. Hauptteil:
Die Gegenwart als „Zeitalter der Wechselwirtschaft zwischen Utopien und Apokalypsen"

I. Klärung der Begriffe „Utopie" und „Apokalypse"
Wenn Sie in der Abiturprüfung ein Rechtschreibwörterbuch zur Verfügung haben – nützen Sie es zum Nachschlagen unklarer Begriffe. In diesem Fall werden Sie sowohl bei Apokalypse wie auch bei Utopie fündig. Erläutern Sie dann ausführlich, was Sie unter den beiden Begriffen verstehen und leiten Sie mit einem oder zwei Sätzen zum Hauptteil über.

II. Utopien und Untergangsszenarien der Gegenwart
Dieser Gliederungspunkt ist der umfangreichste in Ihrem Aufsatz. Hier müssen Sie treffende Beispiele für Utopien und Apokalypsen der Gegenwart nennen. Sie könnten das tun, indem Sie zuerst die Utopien anführen und erläutern, dann die Apokalypsen; dies würde aber zu häufigen thematischen Überschneidungen führen. In diesem Beispiel wurde deshalb das Verfahren gewählt, Utopien und Katastrophen, die zu einem Aspekt gehören, innerhalb eines Unterpunktes zusammenzufassen; die Darstellung wird dadurch flüssiger und in der Argumentation überzeugender.

III. Der Zusammenhang von Diesseitserlösungs-Enthusiasmus und Katastrophengewissheit
Hier sollen Sie noch einmal zusammenfassend zur These des Philosophen Odo Marquard Stellung beziehen.

Zu C. Schluss:
Überlegungen zu grundlegenden Fragen der menschlichen Existenz zu Beginn des 21. Jahrhunderts

Der Schluss der Erörterung dient – wie in jedem Aufsatz – der Abrundung der Darstellung. Stellen Sie deshalb einen Bezug zur Einleitung her.

Ausformulierte Lösung

Gliederung

A. Einleitung: Nachdenken über die Zukunft

B. Hauptteil: Die Gegenwart als „Zeitalter der Wechselwirtschaft zwischen Utopien und Apokalypsen"
   I. Klärung der Begriffe „Utopie" und „Apokalypse"
   II. Utopien und Untergangsszenarien der Gegenwart
      1. Abrüstung: Hoffnung auf Weltfrieden und Furcht vor einer Eskalation der Konflikte
      2. Gentechnik: Hoffnung auf Ausrottung bisher unheilbarer Krankheiten und Furcht vor der Manipulation des Menschen
      3. Der Glaube an die Börsenkurse: Der wirtschaftliche Erfolg als Maß aller Dinge
      4. Individualismus: Der Mensch als autarkes Wesen
      5. Hedonismus: Verantwortungslose Genusssucht und die Folgen
   III. Der Zusammenhang von Diesseitserlösungs-Enthusiasmus und Katastrophengewissheit

C. Schluss: Überlegungen zu grundlegenden Fragen der menschlichen Existenz zu Beginn des 21. Jahrhunderts

A. Einleitung: Nachdenken über die Zukunft

Die wenigsten Menschen leben einfach so in den Tag hinein. Die meisten wollen ganz genau wissen, was sie in der Zukunft erwartet. Horoskope dienen vielfach als Hilfsmittel, um sich Gewissheit über scheinbar Bevorstehendes zu verschaffen.

Das Nachdenken über die Zukunft ist aber nicht nur Privatsache; jede Gesellschaft ist auf zuverlässige Prognosen angewiesen, um den künftigen Bedarf (z. B. an Schulen, Wohnungen, der Infrastruktur) planen zu können.

Häufig nimmt der Blick in die Zukunft jedoch ganz irrationale Formen an, etwa wenn die Prognosen von Hoffnungen der Menschen überlagert werden, wenn die Realität zugunsten von Utopien ausgeblendet wird. Auch der umgekehrte Fall ist denkbar: Viele Menschen sind so negativ eingestellt, dass sie stets mit Katastrophen rechnen.

Überleitung zum Hauptteil

Im Folgenden soll überlegt werden, warum in vielen Bereichen unseres Lebens die Vorstellung von Utopie und Apokalypse oder, um in der Begrifflichkeit des Philosophen Odo Marquard zu bleiben, Diesseitserlösungs-Enthusiasmus und Katastrophengewissheit so nahe beieinanderliegen.

B. Hauptteil:
Die Gegenwart als „Zeitalter der Wechselwirtschaft zwischen Utopien und Apokalypsen"

I. Klärung der Begriffe „Utopie" …

Der Begriff „Utopie" ist ein Kunstwort, ein Neologismus des 16. Jahrhunderts, mit dem Thomas Morus seinen Staatsroman überschrieben hat. In Morus' Werk geht es um eine ideale Gesellschaftsordnung in einem erdachten Land, einem Land, „das nirgends ist", so die Übersetzung des aus dem Griechischen entlehnten Begriffs. Die Utopie ist demnach ein Gegenentwurf zur als mangelhaft empfundenen Wirklichkeit, ein Vorgriff auf eine bessere Welt. Schwärmerisches Denken, Unerfüllbarkeit, auch Unwirklichkeit: Diese Assoziationen schwingen bei der Verwendung des Begriffs „Utopie" mit.

… und „Apokalypse"

Der Begriff „Apokalypse" stammt aus dem Johannes-Evangelium des Neuen Testaments, wo die Schrecken des kommenden Weltendes beschrieben werden. Mit „Apokalypse" assoziiert man gemeinhin Untergang, Grauen, Schrecken und Unheil.

II. Utopien und Untergangsszenarien der Gegenwart

1. Abrüstung: Hoffnung auf Weltfrieden und Furcht vor einer Eskalation der Konflikte

Eine Utopie der Menschheit richtet sich auf den Weltfrieden. Die Hoffnung, ohne Krieg und den damit verbundenen Schrecken und Nöten leben zu können, ist so alt wie die Menschheit selbst. Schon die Römer sprachen, wenn sie die Zeit des Kaisers Augustus meinten, von pax romana. Und – um ein weiteres Beispiel anzuführen – noch nie in der Geschichte gab es so viele Friedenskonferenzen und Friedensaufrufe wie in den zwei Jahrzehnten vor dem Ersten Weltkrieg.
Auch in unseren Tagen hoffen viele Menschen auf Frieden in der Welt, der nun nach dem Wegfall der atomaren Bedrohung und dem Ende des Ost-West-Konflikts in besonders greifbarer Nähe scheint.
Doch der Weltfrieden wäre keine Utopie, wenn es ihn wirklich geben könnte. Wie die politischen Verhältnisse z. B. im Nahen Osten zeigen, sind Juden und Palästinenser etwa 60 Jahre nach der Gründung des Staates Israel von einem Zusammenleben unter friedlichen Bedingungen noch weit entfernt. In dieser Region sind immer noch Autobomben, Straßenschlachten und gegenseitige Schuldzuweisungen die Normalität.
Doch auch die Beendigung des Kalten Kriegs durch den Wegfall der Sowjetunion als Supermacht hat den Frieden nicht stabiler gemacht. An die Stelle der kommunistischen Großmacht sind viele kleinere Staaten gerückt, die oft miteinander Probleme haben, die sie kriegerisch austragen; als Beispiel sei der Tschetschenien-Krieg genannt. Hinzu kommt, dass einige Nachfolgestaaten der Sowjetunion deren Atomwaffenarsenal übernommen haben, damit aber lange nicht so verantwortungsvoll umgehen, wie Angebote von Atomwaffen, die über Strohmänner auf den Weltmarkt gelangen, deutlich machen.
Auch der internationale Terrorismus behindert den Weltfrieden ganz entschieden.

Die Beispiele haben gezeigt, dass die Menschheit vom „Weltfrieden" weit entfernt ist; äußerst fraglich ist aber auch, ob man den bevorstehenden Weltuntergang prognostizieren muss: Es gibt heute wie zu allen Zeiten Krisenherde, von denen man nur hoffen kann, dass sie sich nicht zu neuen Kernzellen künftiger Kriege entwickeln werden.

2. Gentechnik: Hoffnung auf Ausrottung bisher unheilbarer Krankheiten und Furcht vor der Manipulation des Menschen

Eine weitere Utopie, der viele Menschen anhängen, ist die Annahme, viele bisher unheilbare Krankheiten könnten ausgerottet werden. Auf Grund von Fortschritten in der medizinischen Forschung und besonders der Genforschung existiert eine weit verbreitete Hoffnung, durch Austausch einzelner Gene oder „Reparatur" daran könnten Krankheiten, die bisher zum Schrecken der Menschheit zählten, wie Krebs oder Aids, geheilt werden.
Auch wenn durch genetische Verfahren viele Beschwerden gemildert oder ganz geheilt werden, erscheint es doch äußerst fraglich, ob damit wirklich alle Krankheiten ausgerottet werden können. Zum einen ist es unwahrscheinlich, dass man durch diese Methode alle Krankheiten in den Griff bekommt, zum anderen tauchen immer wieder neue Krankheiten auf, von denen die Menschheit bislang nichts wusste oder die sich erst entwickelt haben – man denke nur an Aids, BSE oder „versteckte" Erreger, wie bei Ebola.
Die entgegengesetzte Position ist mindestens ebenso weit verbreitet: Gentechnik manipuliert den Menschen, sie ermöglicht es verbrecherischen Regimen oder übergeschnappten Individuen, willfährige Untertanen oder Abbilder ihrer selbst zu klonen – so die landläufigen Befürchtungen. Ganz von der Hand zu weisen sind solche Vorstellungen nicht; was gemacht werden kann, wird irgendwann auch gemacht – so ein anderes Schlagwort, das die Situation vielleicht ganz treffend beschreibt.
Auch beim Thema Gentechnologie zeigt sich, dass das Spektrum zwischen Utopie und Apokalypse breit ist. Die Extrempositionen sind jedenfalls in aller Munde.

3. Der Glaube an die Börsenkurse: Der wirtschaftliche Erfolg als Maß aller Dinge

Immer wieder kommt es vor, dass die Börsenkurse utopische Höhen erreichen; dies war in den USA 1929 und in Deutschland im Frühjahr 2000 so. Auch bei diesen Ereignissen ist der Begriff der „Utopie" im doppelten Wortsinn richtig: Utopisch waren die Börsenkurse, weil kein ernst zu nehmender Berater eine solche Steigerung prognostiziert hätte, aber auch, weil sie, wie man am Einbruch der Börse sieht, keine reale Basis hatten.
Trotz oder wegen aller Unwägbarkeiten hat das Aktienfieber ganze Nationen angesteckt. Vor allem Kleinanleger, also Privatleute, die

noch nie etwas mit der Börse zu tun und auch kaum eine Ahnung vom Geschehen auf dem Parkett hatten, zeichneten plötzlich Aktien. Alle hofften auf schnellen Reichtum ohne Arbeit, der Aktienkauf schien risikolos zu sein: utopisches Denken auch hier, willkommen in Zeiten flauer Konjunktur.

Die Gegner dieses profitorientierten Denkens sahen bereits den Untergang des Abendlandes, die Apokalypse (um in der Begrifflichkeit Odo Marquards zu bleiben) heraufdämmern. Geld zu verdienen, nur indem man zum richtigen Zeitpunkt das Richtige kauft oder verkauft, das – und die dahinter stehende Spielermentalität der Börsengänger – erschien manchen Menschen allzu unmoralisch. Assoziationen zur mittelalterlichen Kritik an den Geldverleihern stellen sich ein, das Bewusstsein, Geld müsse mit körperlicher, zumindest produktiver Arbeit verdient werden, ist allgegenwärtig.

Utopie und Apokalypse – beim Börsenhandel liegen sie sowohl für die Aktienhalter als auch für die Kritiker derartiger Geschäfte nahe beieinander.

4. Individualismus: Der Mensch als autarkes Wesen

Jahrhundertelang hat die Menschheit darum gerungen, sich aus vorgegebenen Bindungen zu lösen, Traditionen über Bord zu werfen und eine eigene Individualität entwickeln und leben zu können.

Von einzelnen frühen Versuchen abgesehen, beginnt die Entdeckung des Individuums in der Renaissance: Der Mensch begreift sich als unabhängiges Wesen, das keiner Transzendenz bedarf; die Entdeckungen und Erfindungen des 15. und 16. Jahrhunderts sind sowohl Ausdruck als auch Bestätigung dieses Strebens.

Mit der Aufhebung ständischer Beschränkungen im 17. und 18. Jahrhundert werden die Menschen in die Lage versetzt, ihre eigenen Ziele zu verfolgen, also ihre Berufswahl nach ihrer Neigung zu treffen, zu heiraten, wann und wen sie wollen und ihren Wohnort selbst zu bestimmen. Diese Beispiele sind als gewaltige Fortschritte zur Ausbildung und Verwirklichung einer eigenen Individualität zu verstehen, im Bereich der Utopie bleiben sie oft dadurch, dass die finanziellen Mittel fehlen.

Andererseits führt gerade diese Emanzipation des Menschen zum Verlust von Bindungen, der im Nachhinein von vielen heftig bedauert wird. Die Verbindlichkeit der Religion fällt der Säkularisierung der Gesellschaft zum Opfer, das Eingebundensein in gewachsene Gemeinschaften der Freizügigkeit, die Geborgenheit im Familien- oder Herrschaftsverband der Abhängigkeit vom Arbeitgeber.

Zudem verlieren viele Menschen in der Vereinzelung jeglichen

Halt und jedes Wertebewusstsein: Der Individualismus wird zum Egoismus, der Einzelne lebt auf Kosten der Gemeinschaft. Zu Beginn des 21. Jahrhunderts, als sich die Idee vom Sozialstaat als nicht mehr finanzierbar erweist, wird diese Entwicklung nicht nur konservativen Kritikern bewusst.

5. Hedonismus: Verantwortungslose Genusssucht und die Folgen

Nur ihrem Lustprinzip zu folgen, ist sicher für viele Menschen ein Ziel, eine Utopie, die sie verwirklichen wollen. Und klingt es nicht wirklich erstrebenswert, sein zeitlich begrenztes irdisches Dasein so auszurichten, dass es „Spaß macht"? Dass man im Rahmen seiner beruflichen und finanziellen Möglichkeiten das auslebt, was man für lebenswert hält: materielle Güter zu erwerben, gesellschaftliches Prestige zu gewinnen, seine Vorlieben zu pflegen und seinen Interessen nachzugehen?

Doch auch diese Utopie hat gehörige Schattenseiten: Die Weltuntergangspessimisten verweisen auf den Ausverkauf der Dritten und Vierten Welt durch Billigreisen, auf die Ausbeutung der Energieressourcen durch die Industrienationen, die Belastung der Umwelt durch Individualverkehr und Schadstoffausstoß in der nördlichen Hemisphäre.

Die Utopie von persönlicher Freiheit und Unabhängigkeit stößt nicht nur im ökologischen und wirtschaftlichen, sondern auch im gesellschaftlichen Bereich an ihre Grenzen. Auch innerhalb der Familie ist sie äußerst problematisch: das Auseinanderfallen von Familienstrukturen, die zunehmende soziale Verwahrlosung, die Flucht schon von Minderjährigen in Drogen und Alkohol sowie die besonders in Großstädten zu beobachtende Kinderkriminalität und -prostitution sind symptomatisch.

III. Der Zusammenhang von Diesseitserlösungs-Enthusiasmus und Katastrophengewissheit

Bei der Bestandsaufnahme unserer Gegenwart äußert sich der Philosoph Odo Marquard recht negativ: Er spricht abfällig von einer „Wechselwirtschaft"; Utopien tut er als Diesseitserlösungs-Enthusiasmus und Apokalypsen als Katastrophengewissheit ab. Er demontiert die Begriffe vollends, wenn er vom „Himmel" bzw. der „Hölle auf Erden" spricht.

Marquard verdeutlicht durch diese plakative Gegenüberstellung seine These, dass beide „zu unserer Welt" gehören. Wie ist das erklärbar?

Indem die Utopien den Anspruch erheben, schon auf dieser Welt eingelöst zu werden, verlieren sie ihren utopischen Anspruch, sie werden trivialisiert. Ebenso verhält es sich mit den Apokalypsen. Ursprünglich im Singular verwendet, verweist der Begriff auf das Ende der Welt. Im Plural wird er auf weltliche Katastrophen aller Art ausgeweitet. So ge-

sehen ist beides – die Utopie wie die Apokalypse – reduziert auf seine weltliche Bedeutung, auf die Hoffnung bzw. die Angst des Menschen: Hoffnung auf ein besseres Leben im Hier und Jetzt bzw. Angst vor diesseitigen Katastrophen.
Fragt man weiter, was die Gründe für diese Trivialisierung bzw. Säkularisierung der Begriffe sind, ergibt sich, dass die Transzendenz, die ihnen ursprünglich innewohnte, für den heutigen Menschen in der modernen Welt keine Rolle mehr spielt: Der moderne Mensch hat den Bezug zum Jenseits verloren, vermisst ihn aber so (der enorme Zulauf zu Sekten und anderen Diesseitserlösern spricht dafür), dass er seine transzendentalen Vorstellungen säkularisiert: Auf Erden ist nun Platz für beide: für den Himmel wie auch für die Hölle.

C. Schluss: Überlegungen zu grundlegenden Fragen der menschlichen Existenz zu Beginn des 21. Jahrhunderts

Was Historiker schon von der Wende vom ersten zum zweiten Jahrtausend zu berichten wissen, gilt nun an der Schwelle zum dritten Jahrtausend erneut: Viele Menschen stellen an Epochenschwellen grundlegende Fragen bezüglich der menschlichen Existenz. Auch der Philosoph Odo Marquard regt mit seinem Text die Menschen an, über die existenziellen Fragen nachzudenken: Woher kommt der Mensch? Wohin geht er? Was ist seine Bestimmung?

3 Literarische Erörterung

In diesem Abschnitt lernen Sie

1. Die literarische Erörterung ist eine schriftliche Auseinandersetzung mit einem Thema, das im weitesten Sinn dem Bereich der **Literatur** entstammt:
   - Manche Aufgabenstellungen sind ganz eng mit einem literarischen Werk, meist einem Drama, einem Roman oder einem längeren erzählenden Text verbunden.
   - Andere regen zum Vergleich zweier Werke unter einem sie verbindenden Aspekt an.
   - Möglich sind auch Themen, die sich auf Gattungen, Epochen oder die Literaturtheorie beziehen.
2. Die literarische Erörterung erfordert nur selten die Bearbeitung in der dialektischen Form. Die Themen der literarischen Erörterung sind meist einsträngig angelegt und deshalb **steigernd** zu behandeln. Wenn ein Thema den Vergleich zweier literarischer Werke erforderlich macht, ist es manchmal sinnvoll, diese im Hauptteil des Erörterungsaufsatzes nacheinander zu behandeln.
3. Meist wird bei der literarischen Erörterung – wie bei anderen Formen der Erörterung auch – eine **Gliederung** verlangt. Diese strukturiert den Schreibprozess und erleichtert es dem Leser, sich im Aufsatz zurechtzufinden.

Das Schaubild zeigt die literarische Erörterung und nennt deren wichtigste Kennzeichen.

Formen der Erörterung

Problemerörterung → textungebunden
Literarische Erörterung → textungebunden, textgebunden
Texterörterung → textgebunden

Erörterungstypen	
linear (steigernd)	dialektisch (pro und kontra)
• Ergänzungsfrage • Wortfrage • sachbezogene Auseinandersetzung	• Entscheidungsfrage • Satzfrage • wertbezogene Auseinandersetzung

Ergebnis

- Klärung des Problems
- ausgewogenes eigenes Urteil

Untersuchung der Fragestellung

In diesem Abschnitt lernen Sie

1. Die literarische Erörterung setzt die genaue Kenntnis eines oder mehrerer Werke voraus. Entweder sind diese Werke vorgegeben oder die Aufgabenstellung ist offen gehalten, etwa wenn Sie zwei Werke aus verschiedenen Epochen vergleichen sollen.
2. Dabei können Sie außerunterrichtliche Lektürekenntnisse einbringen.

Aufgabe 1 | Lösungen ab S. 176

Die Arbeitsaufträge zur literarischen Erörterung stellen verschiedene Aspekte von Literatur in den Mittelpunkt. Ordnen Sie diese den jeweiligen Arbeitsaufträgen zu.

Arbeitsauftrag	Aspekt
1 Zu **Joseph von Eichendorff, Aus dem Leben eines Taugenichts** Vielen Interpreten gilt Eichendorffs Erzählung „Aus dem Leben eines Taugenichts" als Gegenentwurf zur modernen, auf Nützlichkeit ausgerichteten Zivilisation mit ihren wirtschaftlichen, gesellschaftlichen und privaten Zwängen. Setzen Sie sich mit dieser Sicht des Werkes auseinander.	a thematischer Aspekt (mit Textgrundlage)
2 Zu **Friedrich Schiller, Die Räuber** Welche inhaltliche Wendung gibt Schiller seinem Drama „Die Räuber" mit dem 5. Akt? Nehmen Sie begründet zur Wirkungsabsicht des Dichters Stellung.	b eine literarische Erörterung in dialektischer Form
3 Zu **Heinrich Böll, Die verlorene Ehre der Katharina Blum** Der Literaturkritiker Günther Zehm hält die Figur der Katharina Blum für idealisiert und unglaubwürdig. Diskutieren Sie diese Sichtweise der Titelfigur aus Heinrich Bölls Erzählung „Die verlorene Ehre der Katharina Blum".	c wiederkehrendes Motiv in Werken aus verschiedenen Epochen
4 Zu **Friedrich Dürrenmatt, Die Physiker** Die Bedingungen der modernen Welt schließen nach Dürrenmatt Tragik und Heldentum im traditionellen Sinn aus. Als bleibende Möglichkeit humaner Existenz sieht er die Figur des „mutigen Menschen". Legen Sie anhand einer selbst gewählten Figur aus dem Stück „Die Physiker" dar, was Dürrenmatt unter einem „mutigen Menschen" versteht , und setzen Sie sich mit dieser Ansicht kritisch auseinander.	d inhaltlicher Aspekt

Arbeitsauftrag	Aspekt
5 Zum Thema: **Außenseiter in der Literatur** Zeigen Sie anhand von zwei Beispielen aus unterschiedlichen Epochen, wer als Außenseiter gilt, was den Menschen zum Außenseiter macht und wie die Autoren eine Außenseiterexistenz darstellen und bewerten.	e Aspekt der Literaturtheorie
6 Zu **Johann Wolfgang von Goethe, Iphigenie auf Tauris** „Hat denn zur unerhörten Tat der Mann / Allein das Recht? Drückt denn Unmögliches / Nur er an die gewalt'ge Heldenbrust? / Was nennt man groß? Was hebt die Seele schaudernd / Dem immer wiederholenden Erzähler? / Als was mit unwahrscheinlichem Erfolg / Der Mutigste begann. […] / Wird der allein gepriesen? der allein, / Der, einen sichern Weg verachtend, kühn / Gebirg' und Wälder durchzustreifen geht, / Daß er von Räubern eine Gegend säubre? / Ist uns nichts übrig? Muß ein zartes Weib / Sich ihres angebornen Rechts entäußern, / Wild gegen Wilde sein, wie Amazonen / Das Recht des Schwerts euch rauben und mit Blute / Die Unterdrückung rächen?“ (Johann Wolfgang von Goethe, Iphigenie auf Tauris, V. 1892–1912, gekürzt) Legen Sie anhand dieser Worte, die Iphigenie an Thoas richtet, das Rollenverständnis dar, wie es in Johann Wolfgang von Goethes Schauspiel „Iphigenie auf Tauris“ zum Ausdruck kommt.	f literarische Figur
7 Zu **Sophokles, Antigone** Sophokles' „Antigone“ – ein Text, der dem Menschen des 21. Jahrhunderts nichts mehr zu sagen hat oder eine hochaktuelle Schullektüre?	g thematischer Aspekt

Lösung: 1 = ☐ 2 = ☐ 3 = ☐ 4 = ☐ 5 = ☐ 6 = ☐ 7 = ☐

KURZINFO

Untersuchung der Fragestellung

Bei der Untersuchung der Fragestellung sollten Sie beachten:

- Bezieht sich der Erörterungsaufsatz auf ein literarisches Werk oder muss ein zweites vergleichend hinzugezogen werden? Möglicherweise sollen die beiden Werke aus verschiedenen Epochen oder unterschiedlichen Gattungen stammen.
- Bei der literarischen Erörterung sind Themenstellungen mit und ohne Textgrundlage denkbar.
- Bei der literarischen Erörterung wird meist eine lineare Erörterung erwartet.

Grundlagen des Aufsatzes 1: Die textgebundene literarische Erörterung

In diesem Abschnitt lernen Sie

1. Bei der textgebundenen Erörterung gibt der vorliegende Text den **Anstoß zur Auseinandersetzung** mit dem konkreten Problem, das in der Aufgabenstellung genannt ist.
2. Eine exakte Textanalyse soll dabei nicht geleistet werden. Vielmehr geht es darum, den Text als Einstieg in die Problematik zu nützen, die dann erörternd dargelegt wird. Die Ergebnisse der Erörterung reichen dabei weit über den zugrunde liegenden Text hinaus.

1. Analyse der Aufgabenstellung

Aufgabe 1 | Lösungen ab S. 176

„Ich glaube nicht an Fügung und Schicksal, als Techniker bin ich gewohnt, mit den Formeln der Wahrscheinlichkeit zu rechnen." Zeigen Sie, wie die Handlung des Romans „Homo faber" diese Aussage Walter Fabers ad absurdum führt.

Untersuchen Sie die Aufgabenstellung und ordnen Sie jeden Satz einer Funktion zu.

| Satz 1
„Ich glaube nicht an Fügung und Schicksal, als Techniker bin ich gewohnt, mit den Formeln der Wahrscheinlichkeit zu rechnen."

| Satz 2
Zeigen Sie, wie die Handlung des Romans „Homo faber" diese Aussage Walter Fabers ad absurdum führt.

Funktion:
a Arbeitsauftrag
b Textzitat

Lösung: 1 = ☐ 2 = ☐

Aufgabe 2

Entscheiden Sie begründet, ob die Aufgabenstellung eine lineare oder eine dialektische Erörterung erfordert.

2. Stoffsammlung

Aufgabe 3

Ergänzen Sie die Stoffsammlung um weitere Aspekte. Beachten Sie dazu Definition a. (Diese Aufgabe können Sie nur bearbeiten, wenn Sie den Roman kennen.)

Definition a)

Bei der Stoffsammlung muss die Frage leitend sein: An welchen Stellen wird die Aussage Fabers, die der Aufgabenstellung zugrunde liegt, widerlegt? Textstellen bzw. Romanhandlungen, die sich anbieten, können in der Form der ungeordneten Stichwortliste oder – übersichtlicher – in der Form des **Clusters** oder der **Mindmap** zusammengetragen werden.

- Notlandung in der Wüste
-
-
-
-
-
-
-

3. Die Argumentation

Aufgabe 4

Lesen Sie den Text und zeigen Sie dann begründet auf, um welchen Schritt der Argumentation es sich bei den einzelnen Sätzen jeweils handelt. Beachten Sie dazu Definition b.

Definition b)

Wie Sie wissen, besteht die idealtypische Argumentation aus vier Schritten, nämlich:

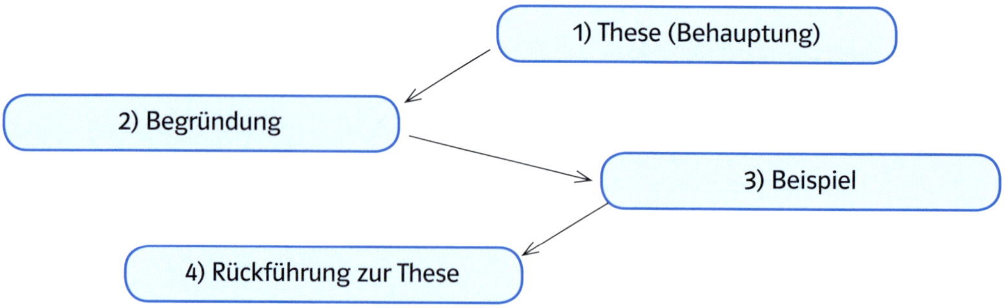

Dieses Schema muss nicht in jedem Fall und nicht immer in dieser Reihenfolge eingehalten werden: Wenn eine neue Begründung folgt, kann auf die Rückführung zur These verzichtet werden. Stilistische oder argumentative Gründe können eine Vertauschung der Reihenfolge bei den Nummern 1, 2 oder 3 sinnvoll erscheinen lassen.

| Text 1

Fabers Einstellung zur Natur wandelt sich im Laufe des Romans. Für Faber stellt die Natur in der „Ersten Station" eine Irritation, eine Bedrohung dar. Faber verfügt zu Beginn des Romans über eine klare Einstellung zu allem Natürlichen und Kreatürlichen: „Was mir auf die Nerven ging: die Molche in jedem Tümpel, in jeder Eintagspfütze ein Gewimmel von Molchen – überhaupt diese Fortpflanzerei überall, es stinkt nach Fruchtbarkeit, nach blühender Verwesung." (S. 51). Auch seine eigene Natur wird Faber im Dschungel bewusst. Ständig schwitzt er und duscht sich, um seine Körperlichkeit nicht wahrnehmen zu müssen. Das Wachstum seines Bartes ist ihm unerträglich, so dass er sich in einem fort rasieren will. Die Natur des Dschungels und die eigene körperliche Natur sind für Faber mit unangenehmen Eindrücken verbunden: mit Gestank, Verwesung, Nacktheit, Fäulnis und Schleim. Ganz anders empfindet Faber in der „Zweiten Station": Er bedauert es, nicht schon eher das „wirkliche Leben" für sich entdeckt zu haben. Er findet plötzlich Gefallen an der Physiognomie einer Schwarzen, am Kraushaar eines Jugendlichen, am eigenen Gesang. Zu seinen bevorzugten Gesprächspartnern gehören der Junge von der Straße, der ihm die Schuhe putzt, die Gelegenheitsprostituierte Juana und alle anderen Menschen, die sich natürlich geben. Es wurde deutlich, dass sich Fabers Einstellung zur Natur im Fortgang des Romans verändert. Zu Beginn lehnt Faber alles Natürliche ab, am Ende verklärt er es. Eine realistische Sicht der Natur zeigt Faber, der von einem technischen Weltbild geprägt ist, jedoch nie.

Satz 1:
Fabers Einstellung zur Natur wandelt sich im Laufe des Romans.

Es handelt sich um ______________________________

Begründung: ______________________________

____

Satz 2:
Für Faber stellt die Natur in der „Ersten Station" eine Irritation, eine Bedrohung dar. Faber verfügt zu Beginn des Romans über eine klare Einstellung zu allem Natürlichen und Kreatürlichen:

Es handelt sich um ______________________________

Begründung: ______________________________

____

Satz 3:
„Was mir auf die Nerven ging: die Molche in jedem Tümpel, in jeder Eintagspfütze ein Gewimmel von Molchen – überhaupt diese Fortpflanzerei überall, es stinkt nach Fruchtbarkeit, nach blühender Verwesung."

Es handelt sich um ______________________________

Begründung: ______________________________

____

Satz 4:
Auch seine eigene Natur wird Faber im Dschungel bewusst. Ständig schwitzt er und duscht sich, um seine Körperlichkeit nicht wahrnehmen zu müssen. Das Wachstum seines Bartes ist ihm unerträglich, so dass er sich in einem fort rasieren will.

Es handelt sich um ______________________________

Begründung: ______________________________

____

Satz 5:
Die Natur des Dschungels und die eigene körperliche Natur sind für Faber mit unangenehmen Eindrücken verbunden: mit Gestank, Verwesung, Nacktheit, Fäulnis und Schleim.

Es handelt sich um ______________________________

Begründung: ______________________________

____

Satz 6:
Ganz anders empfindet Faber in der „Zweiten Station": Er bedauert es, nicht schon eher das „wirkliche Leben" für sich entdeckt zu haben.

Es handelt sich um ______________________________

Begründung: ______________________________

____

Satz 7:
Er findet plötzlich Gefallen an der Physiognomie einer Schwarzen, am Kraushaar eines Jugendlichen, am eigenen Gesang. Zu seinen bevorzugten Gesprächspartnern gehören der Junge von der Straße, der ihm die Schuhe putzt, die Gelegenheitsprostituierte Juana und alle anderen Menschen, die sich natürlich geben.

Es handelt sich um ______________________________

Begründung: ______________________________

____

Satz 8:
Am Ende des Romans ist keine Rede mehr davon, dass Menschen für Faber anstrengend seien.

Es handelt sich um ______________________________

Begründung: ______________________________

____

Satz 9:
Es wurde deutlich, dass sich Fabers Einstellung zur Natur im Fortgang des Romans verändert. Zu Beginn lehnt Faber alles Natürliche ab, am Ende verklärt er es. Eine realistische Sicht der Natur zeigt Faber, der von einem technischen Weltbild geprägt ist, jedoch nie.

Es handelt sich um ______________________________

Begründung: ______________________________

____

4. Die Synthese

Aufgabe 5

Kreuzen Sie an, welche Aspekte in die Synthese passen. Beachten Sie Definition c.

Definition c)

Die Synthese ist der Ort für eine **eigene Einschätzung** des Sachverhaltes, wie er in der Aufgabenstellung gefordert und im Hauptteil Ihrer Arbeit dargelegt ist. Eine derartige Synthese ist auch in der linearen Erörterung möglich.

	passt	passt nicht
Faber ist immer dann im Irrtum, wenn er glaubt, sich auf technische Geräte oder naturwissenschaftliche Erkenntnisse verlassen zu können.	○	○
Fabers technisches Weltbild ist nicht tragfähig – die Realität widerlegt es.	○	○
Walter Faber benützt das technische Weltbild, um die Sachverhalte widerlegen zu können, die nicht in sein Lebenskonzept passen.	○	○
Walter Faber ist als Techniker gewohnt, mit den Formeln der Wahrscheinlichkeit zu rechnen.	○	○
Das technische Weltbild dient Walter Faber als Schutz, sich nicht mit seiner eigenen Lebenswirklichkeit auseinandersetzen zu müssen.	○	○

5. Einleitung und Schluss

Aufgabe 6

Kreuzen Sie an, welche Einleitungsgedanken passend sind. Beachten Sie Definition d.

Definition d)

Einleitung und Schluss geben den **Horizont** dessen vor, was im Hauptteil der Erörterung diskutiert wird. Deshalb ist darauf zu achten, dass die Einleitung zwar zum Hauptteil hinführt, aber keine Argumente, die diskutiert werden müssen, vorwegnimmt. Der Schluss nimmt den Einleitungsgedanken wieder auf und reflektiert ihn unter Einbeziehung der Ergebnisse der Erörterung.

	passt	passt nicht
Die Naturwissenschaften besitzen in den Industriestaaten der westlichen Welt einen höheren Stellenwert als Geistes- und Sozialwissenschaften.	○	○
Walter Faber lässt nur gelten, was objektiv nachweisbar ist.	○	○
Die Naturwissenschaften ermöglichen einen scheinbar objektiven Blick auf die Probleme der Welt.	○	○
Max Frisch stellt in seinem Roman „Homo faber" einen rational denkenden Menschen in den Mittelpunkt.	○	○
Nur das, was objektiv überprüfbar ist, findet vor den Augen der Allgemeinheit Geltung.	○	○
Fragen der Moral und der Ethik wiegen im Bewusstsein der Öffentlichkeit weniger schwer als die, die durch Ökonomie, Rationalität und Politik scheinbar objektiv bestimmbar sind.	○	○

Aufgabe 7

Kreuzen Sie an, welche Schlussgedanken passend sind. Beachten Sie Definition d.

	passt	passt nicht
Die naturwissenschaftlich geprägte Weltsicht blendet möglicherweise die Individualität des Menschen aus.	○	○
Die Naturwissenschaften erfassen nur Teilaspekte der Weltprobleme. Probleme, die aus dem Zusammenleben der Menschen entstehen, können durch sie nicht angemessen beschrieben und dauerhaft gelöst werden.	○	○
Die menschliche Existenz ist durch die Naturwissenschaften nur zum Teil beschreibbar.	○	○
Walter Faber irrt, wenn er sich für einen rational denkenden Menschen hält.	○	○
Die naturwissenschaftlich geprägte Weltsicht dient Walter Faber nur als Schutzschild, nichts erleben zu müssen.	○	○
Moralische und ethische Verhaltensweisen prägen das Leben jedes einzelnen Menschen und auch ihr Zusammenleben ganz entscheidend.	○	○

6. Gliederung

Folgende Gliederung ist passend für eine literarische Erörterung zum Thema *„Ich glaube nicht an Fügung und Schicksal, als Techniker bin ich gewohnt, mit den Formeln der Wahrscheinlichkeit zu rechnen." Zeigen Sie, wie die Handlung des Romans „Homo faber" diese Aussage Walter Fabers ad absurdum führt.*
Nummerieren Sie diese Gliederung nach dem alphanumerischen System.

_____ Einleitung: Der Stellenwert der Naturwissenschaften in der westlichen Welt

_____ Hauptteil: Wie führt die Handlung des Romans „Homo faber" das Weltbild Walter Fabers ad absurdum?

- _____ Das Weltbild Walter Fabers
- _____ Fabers Selbstsicht
  - _____ Faber als Rationalist
  - _____ Fabers Einstellung zur Natur
  - _____ Fabers Vertrauen auf die Errungenschaften der modernen Zivilisation
  - _____ Fabers Vertrauen in die Mathematik
- _____ Die Widerlegung des Faber'schen Weltbildes
  - _____ … durch das Versagen der technischen Geräte
  - _____ … durch die exakte Anwendung der Mathematik
  - _____ … durch die Menschen und ihre Individualität
- _____ Fabers einseitige Betrachtungsweise der Menschen und der Welt

_____ Schluss: Die Bedeutung von Moral und Ethik im Umgang miteinander

KURZINFO

Grundlagen des Aufsatzes 1

Bei den Vorarbeiten zu einer textgebundenen literarischen Erörterung sollten Sie beachten:

- Untersuchen Sie zuerst die Aufgabenstellung genau. Beachten Sie dabei vor allem den Arbeitsauftrag. Nur so können Sie eine stimmige literarische Erörterung schreiben.
- Halten Sie bei den Vorarbeiten zu Ihrem Aufsatz eine sinnvolle Reihenfolge ein:
  - Sammeln Sie Argumente.
  - Ordnen Sie diese nach Themenbereichen, die sich aus der Aufgabenstellung ergeben. Achten Sie dabei auf die Gewichtung der einzelnen Argumente.
  - Fassen Sie die Ergebnisse Ihrer Erörterung im Hauptteil in einer Synthese zusammen.
  - Finden Sie für Ihre literarische Erörterung eine passende Einleitung und einen sinnvollen Schluss.
- Erstellen Sie eine Gliederung, die Inhalt und Aufbau Ihrer Erörterung widerspiegelt.

Grundlagen des Aufsatzes 2: Die textungebundene literarische Erörterung

In diesem Abschnitt lernen Sie
Der textungebundenen literarischen Erörterung liegt meist nur eine Behauptung zugrunde, die in Einzelaspekte aufgefächert und anhand von passenden Beispielen aus dem Bereich der Literatur bewiesen werden soll.

1. Analyse der Aufgabenstellung

Aufgabe 1 | Lösungen ab S. 179

Die Verführbarkeit des Menschen ist ein wiederkehrendes Motiv in der deutschen Literatur. Zeigen Sie anhand von zwei selbst gewählten Beispielen aus verschiedenen Epochen, wie dieses Motiv gestaltet ist.

Entscheiden Sie begründet, ob die Aufgabenstellung eine lineare oder eine dialektische Erörterung erfordert.

Aufgabe 2

Nennen Sie literarische Werke, die Ihnen für diesen Erörterungsauftrag passend erscheinen.

2. Stoffsammlung

Aufgabe 3

Die Aufgabenstellung wird im Folgenden anhand von „Faust. Der Tragödie erster Teil" von Johann Wolfgang von Goethe und „Der Besuch der alten Dame" von Friedrich Dürrenmatt bearbeitet.

Finden Sie Hilfsfragen, mit denen Sie das Thema bearbeiten können.

Aufgabe 4
Listen Sie die Antworten auf Ihre Hilfsfragen geordnet nach den beiden literarischen Werken auf.

Zu Goethe: Faust. Der Tragödie erster Teil

-
-
-
-
-
-

Zu Dürrenmatt: Der Besuch der alten Dame

-
-
-
-
-
-

3. Die Synthese

Aufgabe 5
Kreuzen Sie an, welche Aspekte in die Synthese passen. Beachten Sie Definition a.

Definition a)
In der Synthese werden die Ergebnisse aus dem Hauptteil zusammenfassend gegenübergestellt. Inhaltliche Wiederholungen mit Argumenten sind zu vermeiden.

	passt	passt nicht
Wer einen anderen zu einer Handlung verführt, möchte erreichen, dass dieser sie ausführt. Die Gründe dafür können ganz unterschiedlich sein. Folgende Gründe zeigen sich in den untersuchten Dramen: Macht, sexuelle Motive, Rache. Andere denkbare Motive für Verführung sind: Genugtuung, Stärkung des eigenen Selbstwertgefühls, Erlangung eines Vorteils, finanzielle Gründe usw.	○	○
Beide, Verführer und Verführter, haben ein Hauptmotiv für ihr Tun: Sie wollen ein Ziel erreichen, sie streben nach materiellen oder ideellen Gütern.	○	○
Beide Autoren, Goethe und Dürrenmatt, zeigen, dass sich Verführung nicht lohnt – weder für den Verführer noch für den Verführten.	○	○
Verführung ist ein unehrenhaftes Motiv.	○	○
Wer sich zu einer Handlung verführen lässt, verfolgt ganz ähnliche Motive. Das Beispiel Fausts zeigt, dass der Verführer gleichwohl selbst ein Verführter sein kann.	○	○

4. Einleitung und Schluss

Aufgabe 6

Kreuzen Sie an, welche Einleitungsgedanken passend sind. Beachten Sie Definition b.

Definition b)

Im Einleitungsteil des Erörterungsaufsatzes sollen die Leser an die Problematik des Hauptteils herangeführt werden. Da im Hauptteil die Verführungssituation in zwei literarischen Werken untersucht und miteinander verglichen werden soll, liegt es nahe, sich auch in der Einleitung zum Thema „Verführung" zu äußern. Der Schluss rundet den Erörterungsaufsatz ab. Dabei sollen die wichtigsten Erkenntnisse des Hauptteils mit dem Einleitungsgedanken verknüpft und abschließend dargestellt werden.

	passt	passt nicht
Verführung ist ein häufiges Motiv in der Literatur, man denke nur an Werke wie „Effi Briest" von Theodor Fontane, „Mephisto" von Klaus Mann oder „Der gute Mensch von Sezuan" von Bertolt Brecht.	○	○
Verführung prägt das Zusammenleben der Menschen, man denke an Beispiele aus der Werbung oder aus der Politik.	○	○

	passt	passt nicht
Friedrich Dürrenmatt und J.W. von Goethe, zwei große Schriftsteller, haben sich zum Thema Verführung geäußert.	○	○
Diktatorische Systeme beruhen oft auf der Verführung der Massen. Die deutsche Geschichte im 20. Jahrhundert und die Herrschaft der Nationalsozialisten haben dies gezeigt.	○	○
Goethes Drama „Faust. Der Tragödie erster Teil" ist ein bekanntes Schauspiel, das häufig auf der Oberstufe behandelt wird.	○	○

Aufgabe 7
Kreuzen Sie an, welche Schlussgedanken passend sind. Beachten Sie Definition b.

	passt	passt nicht
Verführung als menschliches Grundproblem, das es immer geben wird.	○	○
Verführung – ein zentrales Thema in Goethes „Faust"	○	○
„Der Besuch der alten Dame" und „Faust. Der Tragödie erster Teil" – zwei Werke der Weltliteratur	○	○
Die Stärkung des Selbstbewusstseins des einzelnen Menschen kann helfen, gegen Verführung unempfänglich zu machen.	○	○
Der Verführer braucht den Verführten, der Verführte braucht den Verführer.	○	○
Verführungen widerstehen – Beispiele aus der Literatur	○	○

5. Gliederung

Folgende – lückenhafte – Gliederung ist passend für eine literarische Erörterung zum Thema Die Verführbarkeit des Menschen ist ein wiederkehrendes Motiv in der deutschen Literatur. Zeigen Sie anhand von zwei selbst gewählten Beispielen aus verschiedenen Epochen, wie dieses Motiv gestaltet ist.
Vervollständigen Sie diese Gliederung mit Hilfe der Textbausteine.

Inhalt des Dramas – Die Verführbarkeit als Wesenszug des Menschen – Möglichkeiten des Menschen, mit der eigenen Verführbarkeit umzugehen – Die Gestaltung des Motivs in Goethes „Faust"-Drama – Aussage der Komödie – Das Streben nach Erkenntnis in Goethes „Faust"

A. Einleitung: ______________________________

B. Hauptteil: Die Gestaltung des Verführungsmotivs in Johann Wolfgang von Goethes Schauspiel „Faust. Der Tragödie erster Teil" und in Friedrich Dürrenmatts Komödie „Der Besuch der alten Dame"

I. ______________________________:

1. ______________________________
2. Aussage des Dramas
3. Grund der Verführung
4. Mittel der Verführung

II. Die Gestaltung des Motivs in Dürrenmatts Drama „Der Besuch der alten Dame":

1. Inhalt der Komödie
2. ______________________________
3. Grund der Verführung
4. Mittel der Verführung

III. Verführbarkeit als Ergebnis von Streben nach materiellen Gütern oder ideellen Werten

1. ______________________________
2. Die Gier nach Geld in Dürrenmatts „Der Besuch der alten Dame"

C. Schluss: ______________________________

KURZINFO

Grundlagen des Aufsatzes 2

Bei den Vorarbeiten zu einer textungebundenen literarischen Erörterung sollten Sie beachten:

- Prüfen Sie den Arbeitsauftrag genau. Überlegen Sie, welche thematisch passenden Texte für Sie zur Bearbeitung in Frage kommen.
- Halten Sie bei den Vorarbeiten zu Ihrem Aufsatz eine sinnvolle Reihenfolge ein:
  - Sammeln Sie Argumente.
  - Ordnen Sie diese nach den beiden literarischen Werken, die Sie vergleichen wollen. Achten Sie dabei auf die Gewichtung der einzelnen Argumente.
  - Fassen Sie die Ergebnisse Ihrer Erörterung im Hauptteil in einer Synthese zusammen.
  - Finden Sie eine passende Einleitung und einen sinnvollen Schluss.
- Erstellen Sie eine Gliederung, die Inhalt und Aufbau Ihrer Erörterung widerspiegelt.

Checkliste: Die literarische Erörterung

1. Die wichtigsten Arbeitsschritte

Untersuchung der Aufgabenstellung:

- Überprüfen Sie genau, was Sie erörtern sollen: einen thematischen oder inhaltlichen Aspekt aus einem oder mehreren Werken oder einen Aspekt der Literaturtheorie? Steht eine literarische Figur oder ein Motiv, das in verschiedenen literarischen Werken von Bedeutung ist, im Mittelpunkt Ihrer Erörterung?
- Liegt der Aufgabenstellung ein Thema oder ein Text zugrunde?
- Handelt es sich um eine steigernde oder, was seltener vorkommt, um eine dialektische Erörterung?

Stoffsammlung:

- Welche Gesichtspunkte ergeben sich durch Nachdenken über das Thema (Brainstorming)?
- Können Sie erste Gedanken zum Thema in der Form der Stichwortliste oder des Clusters festhalten?
- Welche Textstellen aus dem zugrunde liegenden Werk können als Beleg für Ihre Aussagen dienen?
- Welche anderen literarischen Werke können Sie als Belegtexte hinzuziehen?

Stoffordnung:

- Welche Methode der Stoffordnung wollen Sie wählen: die geordnete Stichwortliste oder die Mindmap?
- Bei der geordneten Stichwortliste kann nach Pro- und Kontra-Argumenten differenziert werden.
- Die Mindmap lässt sich durch Hinzufügen neuer Gedanken leicht ergänzen.

Anfertigen einer Gliederung:

- Die Gliederung kann zuerst als Arbeitsgliederung angelegt sein, muss aber am Ende in Reinform übertragen werden, wenn sie abgegeben werden muss.
- Die Gliederung besteht aus drei Teilen: Einleitung, Hauptteil und Schluss. Der Verlauf der Argumentation wird im Hauptteil beschrieben.
- Der Hauptteil der Gliederung zeigt einen steigernden (klimaktischen) Aufbau. Bei der linearen Erörterung findet sich das schwächste Argument am Anfang, das stärkste am Schluss.
- Sollten Sie eine dialektische Erörterung schreiben, muss die Gliederung nach dem Doppeltrichtermodell (vgl. S. 46) aufgebaut sein: Zuerst wird die Antithese genannt; sie beginnt mit dem gewichtigsten Argument und endet mit dem schwächsten. Dann dreht sich die Argumentation, die These folgt: Sie beginnt mit dem schwächsten Argument und endet mit dem aussagekräftigsten.

- Die Gliederung kann nach dem numerischen (I., II., II.1, II.2, III.) oder nach dem alphanumerischen Prinzip (A., B., B.I, B.I.1, B.II., C.) gestaltet sein. Achten Sie darauf, dass Sie das gewählte Gliederungsprinzip bis zum Schluss durchhalten.

Gestaltung der Argumentation:
- Das Grundschema, nach dem ein Argument ausgeführt wird, ist Folgendes:

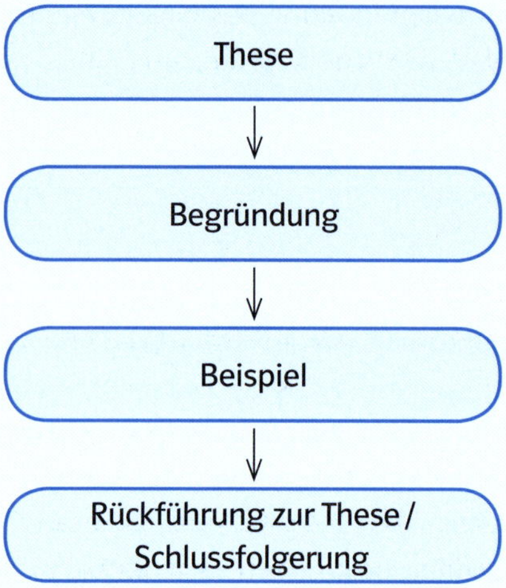

- Um Ihrer Argumentation mehr Gewicht zu verleihen, sollten Sie die Argumentationskette dem Argumentationskreis vorziehen.
- Wechseln Sie aus stilistischen Gründen zwischen deduktiver und induktiver Argumentation ab.

Zusammenfassung der Gedanken:
- Bei der literarischen Erörterung können Sie das Ergebnis Ihrer Argumentation meist im Schluss zusammenfassen.
- Wenn die Aufgabenstellung jedoch eine literarische Erörterung nach dem dialektischen Prinzip erfordert, sollten Sie die Ergebnisse Ihrer Argumentation in Form einer Synthese zusammenfassen. Die Synthese ist in diesem Fall der dritte Hauptpunkt im Hauptteil (B.III.) Ihres Erörterungsaufsatzes.

Gestaltung von Einleitung und Schluss:

- Die Einleitung soll zum Hauptteil hinführen, ohne einen wichtigen Aspekt vorwegzunehmen.
- Aspekte, die Sie in der Einleitung einer literarischen Erörterung ansprechen können, sind z. B. die Biografie des Autors, sein literarisches Werk oder die Epoche, in der er wirkte. Oder: Die Rezeption des Werkes in verschiedenen Zeiten, die Verwendung des Motivs in anderen Werken oder Epochen usw.
- Beachten Sie beim Schluss: Knüpft er an die Einleitung an? Werden die wichtigsten Aspekte aus dem Hauptteil in den Schlussgedanken einbezogen? Und: Rundet der Schluss die Arbeit angemessen ab?

2. Ausführung

Die Argumentation im Aufsatz:

- Begründen Sie ihre Aussagen. Wenn Sie nur Behauptungen aufstellen, können Sie niemand überzeugen.
- Belegen Sie Ihre Aussagen durch Beispiele aus dem vorgegebenen Text; argumentieren Sie immer auf der Ebene des Textes. Wenn Ihnen der Text vorliegt, sollten Sie Ihre Aussagen durch treffend gewählte Textzitate stützen. Beachten Sie dabei die Zitierregeln.
- Beachten Sie, dass die Rückführung zur These notwendig ist, damit Ihre Argumentation nicht in der Luft hängt.

Die sprachliche Gestaltung:

- Verwenden Sie eine sachlich-argumentative Sprache, die den Leser überzeugt.
- Bilden Sie komplexe Sätze; verwenden Sie bevorzugt Satzgefüge, nicht Satzreihen.

3. Ergebnis

inhaltlich:

- Kommen Sie am Ende zu einem gut begründeten, gedanklich eigenständigen Urteil.

formal:

- Achten Sie darauf, dass Ihr Aufsatz zur Gliederung passt.

Die textungebundene literarische Erörterung

Aufgabenstellung

Die „Reise" ist ein zentrales Motiv in zahlreichen Werken der erzählenden Literatur. Erörtern Sie die Gestaltung des Reisemotivs an zwei selbst gewählten Beispielen aus verschiedenen Epochen. Berücksichtigen Sie dabei die zeit- und epochentypischen Merkmale.

Checkliste für die Bearbeitung der Aufgabe

Die **offene Aufgabenstellung** ist auf die Untersuchung des Reisemotivs in zwei epischen Werken ausgerichtet. Dabei werden Sie weder auf eine bestimmte Form von Prosatexten noch auf besondere literarische Epochen festgelegt, Sie können auch auf fremdsprachige Werke zurückgreifen.
Erwartet wird allerdings, dass Sie Ihre Erörterung **selbstständig strukturieren**, d.h. Sie müssen Überlegungen anstellen, was überhaupt eine Untersuchung lohnt. Günstig ist es, bei der Erstellung dieser Schlüsselfragen chronologisch vorzugehen, z.B.:

- Was ist der Anlass bzw. der Auslöser für die Reise?
- Reist der Protagonist freiwillig oder gezwungenermaßen?
- Wohin führt die Reise?
- Verläuft sie wie geplant?
- Wie lange dauert sie?
- Gibt es während der Reise auffällige Vorkommnisse?
- Mit wem reist der Protagonist?
- Wen lernt er auf seiner Reise kennen?
- Welche Konsequenzen hat diese Reisebekanntschaft?
- Wodurch wird die Reise beendet?
- Welche Ergebnisse oder Auswirkungen hat die Reise?

Gebündelt und strukturiert können Sie aus diesen Fragen die Oberbegriffe Ihrer Gliederung ableiten. Nun müssen Sie noch eine Einleitung finden, die überzeugend zum Hauptteil hinführt, sowie einen Schluss, der die Ergebnisse Ihrer Erörterung zusammenfasst und den Einleitungsgedanken aufnimmt und zu Ende führt. Im vorliegenden Beispiel wurden zwei häufig gelesene Werke aus verschiedenen Epochen der deutschen Literatur gewählt: „Aus dem Leben eines Taugenichts" (1826) von Joseph von Eichendorff und „Homo faber" (1957) von Max Frisch.

Ergebnisse der Vorarbeiten

Auch die literarische Erörterung ohne Textgrundlage hat einen dreiteiligen Aufbau (Einleitung, Hauptteil und Schluss). Die Anzahl der Unterpunkte im Hauptteil hängt vom Thema des Aufsatzes und von Ihren Gliederungsprinzipien (weniger Aspekte, diese jedoch ausführlicher behandelt; mehr Aspekte, diese jedoch knapper dargestellt) ab. Die Zusammenfassung der Ergebnisse ist sowohl in der Synthese innerhalb des Hauptteils als auch im Schluss möglich und sinnvoll.

Folgende Aspekte sollten Sie beim Schreiben berücksichtigen:

Zu A. Einleitung:
Die Vorstellung vom Reisen in verschiedenen Zeiten

Die gestellte Aufgabe legt nahe, dass Sie in der Einleitung einen kurzen Abriss über die Entwicklung des Reisens geben und auf die aktuelle Situation bei Urlaubsreisen hinzielen. Das spricht den Leser an, hat doch jeder genügend eigene Erfahrungen mit Urlaubsreisen.

Zu B. Hauptteil:
Die Darstellung des Reisens in Eichendorffs Erzählung „Aus dem Leben eines Taugenichts" und in Max Frischs Roman „Homo faber"

Es ist sinnvoll, die beiden Werke nicht nacheinander, sondern im Vergleich zu behandeln. Das strafft die Darstellung, verdeutlicht die Gemeinsamkeiten und Unterschiede und vermeidet Wiederholungen, auch formaler Art, in der Gliederung.
Wenn es möglich ist, sollten Sie auch die zeit- und epochentypischen Besonderheiten in Ihre Darlegungen einbeziehen.

I. Anlass der Reise

Hier sollten Sie Antworten geben auf die Fragen:
- Was ist der Anlass bzw. der Auslöser für die Reise?
- Reist der Protagonist freiwillig oder gezwungenermaßen?

II. Reiseverlauf und Reisedauer

Nur in Ausnahmefällen werden Sie ein literarisches Werk so genau kennen, dass Sie ganz genaue Angaben zum Verlauf der Reise und zur Reisedauer machen können (bei „Homo faber" ist es schier unmöglich, alle Stationen Fabers in der richtigen Abfolge parat zu haben). Doch darauf kommt es auch gar nicht an. Wichtiger ist vielmehr, dass Sie einen groben Überblick geben, dass Sie also bei Ihren Darlegungen exemplarisch vorgehen.

III. Charakterisierung des Reisenden

Bei diesem Gliederungspunkt können Sie ruhig weiter ausholen. Da Reisen in der Literatur häufig dazu dienen, die Entwicklung bzw. den Charakter der Hauptperson zu verdeutlichen, handelt es sich hier um einen wichtigen Aspekt.

IV. Mitreisende und Reisebekanntschaften

Auch diese Figuren haben eine bestimmte, ihnen vom Autor zugewiesene Funktion: Arbeiten Sie diese klar heraus.

V. Ergebnis der Reise

Dieser Gliederungspunkt eignet sich gut für eine erste Zusammenschau der Untersuchungsergebnisse – nützen Sie ihn dafür. Der Schluss ist nur selten der geeignete Ort für vergleichende Zusammenfassungen.

Zu C. Schluss:
Die Funktion von Reisedarstellungen in der Literatur

Im Schlussteil Ihres Erörterungsaufsatzes sollten Sie wieder auf der allgemeineren Ebene der Einleitung argumentieren. Nennen Sie in diesem Zusammenhang Ihre Untersuchungsergebnisse noch einmal in aller Klarheit.

Ausformulierte Lösung

Gliederung

A. Einleitung: Die Vorstellung vom Reisen in verschiedenen Zeiten

B. Hauptteil: Die Darstellung des Reisens in Eichendorffs Erzählung „Aus dem Leben eines Taugenichts" und in Max Frischs Roman „Homo faber"
   - I. Anlass der Reise
   - II. Reiseverlauf und Reisedauer
   - III. Charakterisierung des Reisenden
   - IV. Mitreisende und Reisebekanntschaften
   - V. Ergebnis der Reise

C. Schluss: Die Funktion von Reisedarstellungen in der Literatur

A. Einleitung: Die Vorstellung vom Reisen in verschiedenen Zeiten

Das Reisen hatte zu verschiedenen Zeiten einen ganz unterschiedlichen Stellenwert. Im Mittelalter war es unüblich, eine Reise zu unternehmen, die mit Vergnügen, Urlaub oder Entspannung zu tun gehabt hätte. Gläubige Menschen unternahmen Pilgerfahrten zu Stätten von hoher religiöser Bedeutung wie etwa nach Lourdes oder nach Santiago de Compostela, Handwerksburschen gingen auf eine meist mehrjährige Wanderschaft, um ihre beruflichen Kenntnisse zu vervollkommnen.

Im 18. und 19., ja noch zu Beginn des 20. Jahrhunderts waren dann in gehobenen Schichten die Bildungsreisen für junge Menschen in Mode, die während oder nach Abschluss ihrer höheren schulischen Ausbildung in fremden Ländern ihren Horizont erweitern sollten.

Urlaubsreisen, wie wir sie heute kennen und wie sie gerade in den Sommerferien regelmäßig zu Staus auf den Autobahnen, überfüllten Zügen und überbuchten Hotels führen, kamen erst im 20. Jahrhundert auf.

Alle Reiseformen und -typen haben auch in der Literatur ihrer Zeit ihren Niederschlag gefunden. Anhand von Joseph von Eichendorffs Erzählung „Aus dem Leben eines Taugenichts" und Max Frischs Roman „Homo faber" sollen im Folgenden Gemeinsamkeiten und Unterschiede in der Gestaltung des Reisemotivs aufgezeigt werden.

B. Hauptteil: Die Darstellung des Reisens in Eichendorffs Erzählung „Aus dem Leben eines Taugenichts" und in Max Frischs Roman „Homo faber"

Als eines Morgens der Sohn des Müllers auf der Türschwelle sitzt und nichts tut, als die Natur zu betrachten und den Vögeln zu lauschen, bringt er durch dieses Nichtstun seinen Vater, der ständig tätig ist, so gegen sich auf, dass dieser seinen Sohn einen „Taugenichts" nennt und ihn aus dem Haus weist mit der Aufforderung, er solle „sein Brot" selbst verdienen.

Der Taugenichts macht sich – ähnlich einem mittelalterlichen Handwerksburschen – nur mit seiner Geige und viel Gottvertrauen ausgestattet auf den Weg, dessen Ziel er noch gar nicht kennt.

I. Anlass der Reise

Der Anlass für die Reise des jungen Taugenichts in Joseph von Eichendorffs romantischer Erzählung ist also ein äußerer: Nicht aus eigenem Antrieb reist der Müllersohn, nicht um irgendwelche Geschäfte zu erledigen, sondern weil sein Vater ihn von zu Hause weggeschickt hat. Der Taugenichts ist auf seiner Reise, die ihn zuerst nach Wien, dann nach Rom führt, auch eher passiv, er lässt sich von den Ereignissen treiben, hat selbst nur vage Vorstellungen vom Verlauf der Reise.

Eine ganz andere Ausgangssituation liegt in Max Frischs 1957 erschienenem Roman „Homo faber. Ein Bericht" vor. Die Hauptperson Walter Faber ist – worauf sein sprechender Name schon hindeutet – ein ar-

beitsamer, umtriebiger Mensch, der in seiner beruflichen Eigenschaft als Ingenieur für die UNESCO die Aufgabe hat, in unterentwickelten Ländern einen gewissen technischen Entwicklungsstand zu etablieren. Seine Berufstätigkeit, die Faber sehr ernst nimmt, geht mit häufigem Reisen einher; auch zu Beginn des Romans ist Faber im Begriff, von seinem Wohnort New York nach Caracas zu fliegen, um dort Montagearbeiten zu leiten.
Der Anlass der Reise Walter Fabers ist also ein berufsbedingt-notwendiger, jedoch ist diese Reise – wie jede Reise, die er unternimmt – Faber sehr wichtig, sodass er gar nicht daran denkt, sie zu verschieben oder etwa einen Kollegen damit zu beauftragen.

II. Reiseverlauf und Reisedauer

Die Reiseroute, die den jungen Taugenichts nach Wien, später nach Rom und wieder zurück nach Wien bringt, ist der Erzählung nicht klar zu entnehmen. Örtlichkeiten scheinen nicht besonders wichtig zu sein. So wird auch gar nicht wirklich deutlich, ob der Taugenichts tatsächlich die Hauptstadt Italiens erreicht. Ganz im Gegenteil: Das in der Erzählung beschriebene „Rom“ scheint mit der geografisch fixierten Stadt nichts zu tun zu haben – zu unterschiedlich sind die Darstellung und die Realität.
Ähnlich verhält es sich mit der Reisedauer. Auch hier gewinnt der Leser auf Grund eingestreuter jahreszeitlicher Angaben nur ungefähre Eindrücke.
Ort und Zeit scheinen also für den Taugenichts und damit – so kann man schließen – für die Erzählabsicht des Romantikers Eichendorff nicht wichtig zu sein. Ort und Zeit sind Äußerlichkeiten, die gegenüber der gelebten Innenwelt des Protagonisten, seinen Gefühlen, Stimmungen, Hoffnungen und Ängsten, zurücktreten müssen.
Auch hier finden wir im modernen Roman eine ganz andere Situation vor. Frischs Roman ist in die Form des Tagebuchs des Erzähl-Ich Walter Faber gepackt. Faber gibt sehr genau Auskunft über die Orte, an denen er sich befindet, und die Zeit, die er dort zubringt. Er führt sein Tagebuch akribisch genau – besonders was diese Äußerlichkeiten seiner Reise anbelangt.
Der Leser kann auch die Reiseroute Fabers von New York über Housten, Tamaulipas, Mexiko City, Campeche und verschiedene andere Stationen nach Rom und Athen exakt verfolgen und die einzelnen Orte auf Grund ihrer realen Existenz sogar auf Landkarten verifizieren.
Durch seine Art der „Buchführung“ zeigt sich Faber ganz als der moderne Rationalist, der sich an Daten, Fakten und genauen Ortsangaben orientiert und mit ihnen besser zurechtkommt als mit seinen eigenen Gefühlen, die er vor sich selbst bis zum Ende des Romans verbirgt.

Während für die romantische Erzählung der Verlauf der Reise und ihre Dauer keine Rolle spielen, weil sich die eigentliche Textaussage auf die Gefühle und Stimmungen des Protagonisten und nicht auf die äußere Handlung bezieht, betont der moderne Tagebuchschreiber gerade diese Äußerlichkeiten, hinter denen er seine Gefühlsregungen versteckt.

III. Charakterisierung des Reisenden

Der Taugenichts lebt in den Tag hinein, er macht sich keine Sorgen um seine berufliche oder finanzielle Situation; die einträgliche Position des Zöllners gibt er bald auf. Überhaupt will er sich nicht mit den Inhalten und Problemen des bürgerlichen Alltags beschäftigen. Menschen, die fest in der gesellschaftlichen Hierarchie verankert sind (als Bürgerliche oder Adelige) und deren Lebensweg vorgezeichnet erscheint, sind ihm kein Vorbild, ganz im Gegenteil: Er lehnt ihre Lebensweise ab, nennt sie Philister.
Viel mehr beschäftigen ihn Liebesdinge: So verliebt er sich schon bei ihrem ersten Anblick in Aurelie, die er für eine Adelige und damit für unerreichbar hält. Da ihm die Erfüllung seiner Liebe aussichtslos erscheint, nimmt er seine Reise wieder auf und verlässt das Schloss in Wien.
Ein anderes Utensil, ohne das der Taugenichts nicht vorstellbar ist, ist seine Geige. Er trägt sie überall bei sich, sie gehört zu ihm, ohne dass er großes Aufheben um das Instrument machen würde. Auch beim Spiel setzt er sich nicht in Szene, er braucht kein Publikum: Der Taugenichts spielt die einfachen, volkstümlichen Melodien nur für sich, sie sind ein Spiegel seiner Gefühlslage.
Eichendorffs Protagonist verkörpert den Idealtyp des romantischen, nicht von Entfremdung deformierten Menschen: An materiellen Dingen nicht interessiert, von einer wenig rationalen Lebensführung bestimmt, zeigt er Gottvertrauen, ist naturverbunden und möchte nichts, als mit sich selbst in Einklang leben.
Walter Faber ist gezeichnet als ein übersteigertes Exemplar des Typus 'moderner Techniker': Ein Mann, der Gefühle nicht wahrhaben will, das Unerklärliche leugnet, sich dabei hinter (natürlich falschen) Berechnungen und Statistiken versteckt, um die Realität, die Tragik der eigenen verfehlten Existenz, nicht wahrhaben zu müssen. Tragisch ist die Figur deshalb, weil Faber nicht erkennen will, was für seine Mitmenschen augenfällig ist: Dass seine Geliebte seine eigene Tochter und er selbst vom Tod gezeichnet ist.
Wenn Faber nun auf Reisen geht, so tut er das vordergründig aus beruflichen Gründen. In Wirklichkeit ist er jedoch vor seinen Mitmenschen, vor menschlichen Beziehungen im Allgemeinen (man denke

an seine amerikanische Freundin Ivy), ja vor sich selbst und der Auseinandersetzung mit seinem Leben auf der Flucht.

IV. Mitreisende und Reisebekanntschaften

In beiden zu vergleichenden Werken stehen Einzelpersonen im Mittelpunkt der Darstellung, Individuen, die typisch sind für ihre Zeit und die literarische Epoche, der der Text entstammt. Sowohl der Taugenichts als auch Walter Faber haben keinen ständigen menschlichen Begleiter auf ihrer Reise; sie machen aber diverse Bekanntschaften, die sie dann oft auch ein Stück weit begleiten.
Reisebekanntschaften des Taugenichts sind z. B. die junge Dame im Wiener Schloss, die beiden vorgeblichen Maler, die ihn mit nach Italien nehmen, und die drei Prager Studenten, die sich auf ihrer Wanderschaft als Musiker durchschlagen.
Diese Figuren sind aber nicht als Charaktere gezeichnet, sie sind auf ihre Funktion im Hinblick auf den Reiseverlauf und Werdegang des Taugenichts reduziert: Die junge Dame, Aurelie, veranlasst den unglücklich verliebten Protagonisten zur Abreise vom Schloss, Leonhard und Guido, die beiden Maler, bringen den Taugenichts ans Ziel seiner Tagträume, nach Rom, und die beiden Studenten sind schließlich wieder für die Einkehr des Taugenichts auf dem Schloss, wo er dann sein Glück finden wird, verantwortlich.
In Frischs Roman dienen Fabers Reisebekanntschaften vorwiegend der Charakterisierung der Hauptperson: Herbert Hencke, sein Nachbar im Flugzeug, ist der Bruder seines Jugendfreundes Joachim. Die Ähnlichkeit der beiden Männer gibt Faber aber nicht zu denken – ein Zeichen seiner „Blindheit" im zwischenmenschlichen Bereich. Professor O., sein Bekannter aus Zürich, fungiert als Todesbote: Er gleicht dem Protagonisten äußerlich und leidet wie dieser an Krebs.
Eine besondere Rolle kommt Sabeth zu: Einerseits charakterisiert auch sie Faber als Menschen, der Gefühle leugnet und Stimmungen für eine Sache der Chemie hält. Sie ist andererseits Auslöser für viele Handlungen Fabers, die dieser kurz vorher noch als „irrational" abgetan hätte: Die Abänderung der Reiseroute, das Ping-Pong-Spielen, die Betrachtung von Kunstwerken und Sonnenuntergängen. Sie ist sogar verantwortlich dafür, dass Faber sich mit seinem Verhalten in jungen Jahren auseinandersetzen und seine Existenz als verfehlt empfinden muss.

V. Ergebnis der Reise

Eichendorffs Erzählung folgt nur oberflächlich betrachtet dem Muster des klassischen Bildungsromans. Der Taugenichts erreicht auf seiner Reise nach Rom keine höhere Entwicklungsstufe, er bildet sich nicht zu einem gesellschaftlich handelnden Menschen aus. Von

seiner inneren Einstellung und Überzeugung her bleibt er derselbe, der er auch vor Reiseantritt war: Ein Mensch mit viel Gottvertrauen, der sorglos in den Tag hinein lebt und sich nicht um seine materielle Existenz oder seinen Platz in der Gesellschaft kümmert. Sein Wunsch am Ende der Handlung, sogleich wieder auf Reisen zu gehen, ist dafür symptomatisch.
Etwas hat sich für den Taugenichts jedoch verändert: Am Ende ist er Ehemann und Schlossbesitzer geworden – ganz ohne sein Streben oder sein Zutun. Dies kann als positive Bewertung seiner Taugenichts-Existenz durch den Autor verstanden werden: Die romantische Lebensform wird im glücklichen, bürgerlichen Ende bejaht – und zugleich in Frage gestellt.
Anders im Roman „Homo faber“: Faber, der so sehr von sich und seiner rationalistischen Einstellung überzeugt ist, der glaubt, in einem Leben für seine Arbeit die für einen Mann einzig richtige Existenzform gefunden zu haben, wird am Ende eines Besseren belehrt. Seine Reise um den Globus, die als Geschäftsreise begonnen hat, führt ihn immer tiefer an die Wurzeln seines Selbst. Sie eröffnet ihm in der Begegnung mit Sabeth und Hanna alternative Existenzformen und zeigt ihm zugleich seine eigene eingeschränkte Sicht des Lebens.
Im Vergleich lässt sich Folgendes feststellen: Für beide Protagonisten ist die Reise eine Reise zu sich selbst; der Taugenichts findet seine (romantische) Lebenseinstellung bestätigt, Faber erkennt den Irrtum seines Lebens.

C. Schluss: Die Funktion von Reisedarstellungen in der Literatur

Wie die Untersuchung des Reisemotivs in Eichendorffs Erzählung „Aus dem Leben eines Taugenichts“ und in Frischs Roman „Homo faber“ gezeigt hat, geht es bei Reisen in der Literatur häufig nicht wirklich um die Ortsveränderung, das Kennenlernen von fremden Ländern und das Zusammentreffen mit Menschen aus anderen Kulturkreisen. Häufig dienen solche Reisen jedoch als Auslöser für die Handlung, die ganz auf eine Hauptfigur – meist den Reisenden – ausgerichtet ist. Sie schaffen den Rahmen für die Darstellung einer Figur und ermöglichen es, eine Figur in verschiedenen Situationen und Umgebungen zu zeigen, ihren Umgang mit anderen Figuren zu beschreiben. Dies veranschaulicht durch ihr Verhalten und ihre Äußerungen ihr Wesen, kurz: Es dient der Darstellung der Entwicklung bzw. der Charakterisierung der Protagonisten.
Reisedarstellungen in der Literatur sind also meist nur an der Oberfläche ein Abbild realer Reisegewohnheiten, sie müssen immer genau auf ihre Funktion für das Werk und seine Hauptfigur befragt werden.

4 Texterörterung

In diesem Abschnitt lernen Sie

1. Bei der Texterörterung steht die **Auseinandersetzung mit einem Text** im Mittelpunkt. Doch anders als bei der Textanalyse, die meist mit einer fundierten Interpretation verbunden ist, folgt hier auf die Analyse eine Erörterung.
2. Im Mittelpunkt dieser Aufsatzgattung steht die Auseinandersetzung mit den Kerngedanken des Textes und Ihre Stellungnahme dazu. Entscheidend ist dabei, dass Sie – aufbauend auf die Aussagen des Textes – im Erörterungsteil mithilfe Ihres Wissens und Ihrer Kenntnisse zu einem gut nachvollziehbaren **eigenen Urteil** kommen.
3. Sprachliche Besonderheiten des Textes sollten Sie in Ihre Ausführungen einbeziehen.
4. In der Regel wird einer Texterörterung kein literarischer Text, sondern ein Sachtext zugrunde gelegt. Dabei kann es sich um einen Artikel aus einer Tages- oder Wochenzeitung, einen biografischen Text, einen poetologischen Text, einen Redetext usw. handeln.

Das folgende Schaubild zeigt die Texterörterung und nennt deren wichtigste Kennzeichen.

Formen der Erörterung

Problemerörterung → textungebunden ← Literarische Erörterung → textgebunden ← **Texterörterung**

textungebunden ↓ | textgebunden ↓

Erörterungstypen	
linear (steigernd)	dialektisch (pro und kontra)
• Ergänzungsfrage • Wortfrage • sachbezogene Auseinandersetzung	• Entscheidungsfrage • Satzfrage • wertbezogene Auseinandersetzung

↓

Ergebnis

- Zusammenfassung und Analyse des Textes
- Klärung des Problems
- ausgewogenes eigenes Urteil

Untersuchung der Aufgabenstellung

In diesem Abschnitt lernen Sie

1. Ganz entscheidend für das Gelingen Ihres Erörterungsaufsatzes ist es, dass Sie **der Aufgabenstellung** gerecht werden. Das setzt voraus, dass Sie diese gründlich lesen und genau verstehen. Meist ist die Aufgabenstellung zwei- oder mehrteilig angelegt.
2. Der erste Teil bezieht sich unmittelbar auf den Text. Dabei wird verlangt, dass Sie sprachliche Besonderheiten und Merkmale der Gestaltung erkennen, dass Sie den Aufbau des Textes durchschauen und die Autorintention benennen können.
3. Der zweite Teil rückt einen inhaltlichen oder thematischen Gesichtspunkt, der in dem Text angesprochen wird, in den Mittelpunkt. Diesen sollen Sie erörtern. In der Praxis besteht dieser Teil des Erörterungsauftrags oft aus mehreren Teilaufgaben.

Aufgabe 1 | Lösungen ab S. 182

Im Folgenden finden Sie typische Aufgabenstellungen, die immer an einen abgedruckten Text gebunden sind. Unterstreichen Sie den jeweiligen Erörterungsauftrag.

Zu **Friedrich Schiller, Was kann eine gute stehende Schaubühne wirken**?

1. Fassen Sie den Inhalt des Textes kurz zusammen und erläutern Sie dabei, worin Schiller eine Sonderrolle des Theaters sieht und wie er diese begründet.
2. Untersuchen Sie den Aufbau und die sprachliche Gestaltung des Textes. Gehen Sie dabei auch auf wichtige sprachliche Mittel und ihre Funktion ein.
3. Diskutieren Sie, ob das moderne Theater den Schiller'schen Anspruch aufgegeben hat.

Zu **Joachim Kaiser, Was wird aus dem Wort?**

1. Stellen Sie den gedanklichen Aufbau des Textes dar.
2. Erläutern Sie, wie der Autor seine Argumentation durch sprachlich-stilistische Mittel stützt.
3. Erläutern Sie, ob die vom Verfasser beschriebene „Auszehrung der Wortkultur" einem generellen Kulturverfall gleichzusetzen ist.

Zu **Elias Canetti, Der Beruf des Dichters**

1. Untersuchen Sie diesen Text und erläutern Sie, wie Canetti die Aufgaben eines Dichters definiert.
2. Diskutieren Sie, worin Ihrer Meinung nach die Verantwortung des Schriftstellers in der heutigen Gesellschaft besteht und inwieweit diese Verantwortung noch wahrgenommen werden kann.

Zu **Günter Grass, Der Traum der Vernunft**

1. Analysieren Sie den Auszug aus Günter Grass' Rede „Der Traum der Vernunft". Gehen Sie dabei auf das Thema der Rede ein, geben Sie den Inhalt gegliedert nach Sinnabschnitten wieder und zeigen Sie, wie sprachlich-stilistische Mittel die Aussageabsicht unterstützen.
2. Setzen Sie sich mit der Frage „Hat diese überwache, sich wissenschaftlich nennende Vernunft den vormals weitgefaßten Begriff von Fortschritt auf technisches Maß, auf einzig das technisch Machbare reduziert?" auseinander. Legen Sie Ihre Sicht anhand treffend gewählter Beispiele dar.

Zu **Herta Müller, Das Ticken der Norm**

Analysieren Sie den Text von Herta Müller und prüfen Sie, in welcher Weise die im Text aufgezeigten Tendenzen auch in unserer Gesellschaft wirken. Erörtern Sie dann, wie jeder Einzelne diesen Tendenzen begegnen kann.

Zu **Jurek Becker, Gedächtnis verloren – Verstand verloren**

Erschließen Sie den Text von Jurek Becker und diskutieren Sie die Kernaussage.

KURZINFO

Untersuchung der Aufgabenstellung

Bei der Untersuchung der Fragestellung sollten Sie beachten:

- Die Texterörterung ist eine Mischform aus Textanalyse und dialektischer Erörterung. Dies wird auch in der Fragestellung deutlich.
- Jeder Texterörterung liegt ein Text zugrunde; oft ist es ein Sach- oder Redetext.
- Diesen Text müssen Sie gründlich lesen und genau untersuchen. Fragen Sie sich: Worum geht es? Wohin zielt der Text?
- Überlegen Sie genau, was von Ihnen erwartet wird. Wie genau sollen Sie den Text analysieren? Wozu sollen Sie Stellung beziehen? Welche Aspekte müssen Sie diskutieren?

Rede von Elias Canetti

Der Schriftsteller Elias Canetti hat die folgende Rede anlässlich der Verleihung der Ehrendoktorwürde der Philosophischen Fakultät der Ludwig-Maximilians-Universität im Januar 1976 in München gehalten.
Sie dient Ihnen in den folgenden Abschnitten als Übungsmaterial.

Elias Canetti:
Der Beruf des Dichters. Münchner Rede, Januar 1976

Zu den Worten, die während einiger Zeit in hilfloser Ermattung darniederlagen, die man mied und verheimlichte, durch deren Gebrauch man sich zum Gespött machte, die man so lange entleerte, bis sie verschrumpft und hässlich zur Warnung wurden, gehört ‚Dichter'. Wer sich auf die Tätigkeit, die wie immer weiterbestand, dennoch einließ, nannte sich ‚Jemand, der schreibt'. Man hätte denken können, dass es darum ging, einen falschen Anspruch aufzugeben, neue Maßstäbe zu gewinnen, strenger zu werden, gegen sich, und alles besonders zu vermeiden, was zu nichtswürdigen Erfolgen führt. In Wirklichkeit geschah das Gegenteil, eben von denen, die auf das Wort ‚Dichter' erbarmungslos losschlugen, wurden die Methoden, Aufsehen zu erregen, bewusst entwickelt und gesteigert. Die kleinliche Meinung, dass alle Literatur tot sei, wurde in pathetischen Worten als Proklamation gefasst, auf kostbares Papier gedruckt und so ernst und feierlich diskutiert, als handle es sich um ein komplexes, schwieriges Denkgebilde. Gewiss, dieser besondere Fall ersoff bald in seiner Lächerlichkeit, aber auch andere, die nicht steril genug waren, sich in einer Proklamation zu erschöpfen, die bittere und sehr begabte Bücher verfassten, brachten es als ‚Jemand, der schreibt' sehr bald zu Ansehen und taten nun, was früher Dichter zu tun pflegten: statt zu verstummen schrieben sie dasselbe Buch immer wieder. So verbesserungsunfähig und todeswürdig die Menschheit ihnen erschien, eine Funktion war ihr geblieben: ihnen zu applaudieren. Wer dazu keine Lust verspürte, wer die immerselben Ergüsse satt hatte, war doppelt verdammt: einmal als Mensch, damit war es schon nichts, und dann als einer, der sich weigerte, die endlose Sterbesucht dessen, der schrieb, als das Einzige anzuerkennen, das überhaupt noch von Wert war.

Sie werden begreifen, dass ich angesichts solcher Phänomene denen, die nur schreiben, nicht weniger Misstrauen entgegenbringe als denen, die sich auch weiterhin selbstgefällig Dichter nennen. Ich sehe keinen Unterschied zwischen ihnen, sie gleichen einander wie ein Ei dem anderen, eine Geltung, die sie einmal erlangt haben, scheint ihnen ein verbrieftes Recht. Denn in Wirklichkeit ist es so, dass heute niemand ein Dichter ist, der nicht ernsthaft an seinem Recht, es zu sein, zweifelt. Wer den Zustand der Welt, in der wir leben, nicht sieht, hat schwerlich etwas über sie zu sagen. Ihre Gefährdung, früher ein Hauptanliegen der Religionen, hat sich ins Diesseits verlagert. Ihr Untergang, mehr als einmal geprobt, wird von solchen, die keine Dichter sind, kühl ins Auge gefasst, es gibt welche, die seine Chancen errechnen, einen Beruf daraus machen und darüber fetter und fetter werden. Seit wir unsere Prophezeiungen Maschinen anvertraut haben, haben Prophezeiungen jeden Wert verloren. Je mehr wir von uns abspalten, je mehr wir leblosen Instanzen anvertrauen, desto weniger sind wir Herren über das, was geschieht. Aus unserer wachsenden Macht über alles, Unbelebtes wie Belebtes und besonders über Unseresgleichen, ist eine Gegenmacht geworden, die wir nur scheinbar kontrollieren. Hundert und tausend Dinge wären darüber zu sagen, aber es ist alles bekannt, das ist das Sonderbarste daran, es ist in jeder Einzelheit zur täglichen Zeitungsnotiz, zur verruchten Banalität geworden. Sie werden von mir nicht erwarten, dass ich es alles wiederhole, ich habe mir heute etwas anderes, etwas Bescheideneres vorgenommen.

Vielleicht ist es der Mühe wert, darüber nachzudenken, ob es in dieser Situation der Erde etwas gibt, wodurch Dichter oder was man bisher dafür hielt, sich nützlich machen könnten. Immerhin ist, trotz aller Schicksalsschläge, die das Wort für sie zu erdulden hatte, etwas von seinem Anspruch geblieben. Literatur mag sein, was sie will, sie ist eines nicht, so wenig wie die Menschheit, die noch an ihr festhält: sie ist nicht tot. Worin müsste das Leben dessen bestehen, der sie heute vertritt, was sollte er zu bieten haben?

Durch Zufall bin ich kürzlich auf die Aufzeichnung eines anonymen Autors gestoßen, dessen Namen ich schon darum nicht nennen kann, weil niemand ihn kennt. Sie trägt das Datum: 23. August 1939, das war eine Woche vor Ausbruch des Zweiten Weltkriegs, und lautet: „Es ist aber alles vorüber. Wäre ich wirklich ein Dichter, ich müsste den Krieg verhindern können."

Welch ein Unsinn, sagt man sich heute, da man weiß, was seither geschehen ist, welche Anmaßung! Was hätte ein Einzelner verhindern können, und warum gerade ein Dichter? Lässt sich ein Anspruch denken, der wirklichkeitsferner ist? Und was unterscheidet diesen Satz vom Bombast derer, die durch ihre Sätze bewusst den Krieg herbeigeführt haben?

Ich las ihn irritiert, ich schrieb ihn mit steigender Irritation heraus. Hier, dachte ich, habe ich gefunden, was mir an diesem Wort ‚Dichter' am meisten zuwider ist, einen Anspruch, der in krassestem Widerspruch steht zu dem, was ein Dichter bestenfalls vermöchte, ein Beispiel für die Großsprecherei, die dieses Wort diskreditiert hat und einen mit Misstrauen erfüllt, sobald einer der Gilde sich auf die Brust schlägt und mit seinen kolossalen Absichten herausrückt.

Aber dann, während der folgenden Tage, spürte ich zu meinem Erstaunen, dass der Satz mich nicht losließ, dass er mir immer wieder in den Sinn kam, dass ich ihn hernahm, zerlegte, wegstieß und wieder hernahm, als liege es nur an mir, einen Sinn darin zu finden. Es war schon sonderbar, wie er begann: „Es ist aber alles vorüber", Ausdruck einer vollkommenen und hoffnungslosen Niederlage zu einer Zeit, da die Siege beginnen sollten.

Da alles auf sie abgestellt wurde, spricht er bereits die Trostlosigkeit des Endes aus und zwar so, als wäre es unvermeidlich. Der eigentliche Satz aber: „Wäre ich wirklich ein Dichter, ich müsste den Krieg verhindern können" enthält bei näherem Zusehen das Gegenteil einer Großsprecherei, nämlich das Eingeständnis kompletten Versagens. Noch mehr aber drückt er das Eingeständnis einer Verantwortung aus und zwar dort – das ist das Verwunderliche daran -, wo man von Verantwortung im üblichen Sinne des Wortes am wenigsten sprechen könnte. […]

Biografische Daten zu Elias Canetti

- Elias Canetti, geb. am 25. 7. 1905 in Rustschuk/Bulgarien, entstammt einer wohlhabenden spanisch-jüdischen Kaufmannsfamilie, deren Tradition sein gesamtes literarisches Schaffen beeinflusst hat
- Übersiedelung der Familie 1911 nach Manchester, 1913, nach dem Tod des Vaters, zuerst nach Lausanne, dann nach Wien (erst dort erlernte der nun Achtjährige die deutsche Sprache), 1916 nach Zürich, 1921 nach Frankfurt/Main, 1924 Abitur in Frankfurt/Main, Studium der Naturwissenschaften in Wien, 1929 Promotion, als Übersetzer und Schriftsteller tätig, 1934 Verheiratung mit Veza Taubner-Calderon (die ebenfalls als Schriftstellerin bekannt geworden ist), 1938 Emigration nach London, nach 1945 lebte Canetti mit seiner zweiten Ehefrau Hera Buschor abwechselnd in London und Zürich
- 1972 Georg-Büchner-Preis, 1981 Nobelpreis für Literatur
- gest. am 14. 8. 1994 in Zürich
- Wichtige Werke: Hochzeit (Drama, 1932), Die Befristeten (Drama, 1956), Masse und Macht (Abhandlung, 1960), Die Blendung (Roman, 1936), Der Ohrenzeuge (Roman, 1974), Die gerettete Zunge (Roman, 1977), Die Fackel im Ohr (1980), Das Augenspiel (1985), Das Geheimherz der Uhr. Aufzeichnungen 1973–1985 (1987)

Sachanalyse des Textes

In diesem Abschnitt lernen Sie

1. Nicht alle Texte sind gleich leicht zu verstehen. Bei einem poetologischen Text aus dem Idealismus, z.B. Schillers Schaubühnenaufsatz, ist die gedankliche Distanz des Lesers größer als bei einem Redetext aus dem 20. Jahrhundert, in dem aktuelle Probleme angesprochen werden.
2. Um einen Text zu verstehen, müssen Sie die Sachebene genau untersuchen.

Aufgabe 1 | Lösungen ab S. 183

Folgende Hilfsfragen helfen Ihnen, den Text von Elias Canetti zu verstehen. Beantworten Sie diese.

- Welches Problem, welche Thematik wird in dem Text behandelt?
- Wird auf einen historischen Aspekt Bezug genommen? Wenn ja, auf welchen?
- Steht ein aktuelles Ereignis im Mittelpunkt? Welches?

KURZINFO

Sachanalyse des Textes

Bei der Sachanalyse des Textes müssen Sie klären:

- Welches Problem, welche Thematik wird in dem vorliegenden Text behandelt?
- Wird auf einen historischen Aspekt Bezug genommen?
- Steht ein aktuelles Ereignis im Mittelpunkt?

Der gedankliche Aufbau des Textes

In diesem Abschnitt lernen Sie

1. Um die Aussage eines Textes differenziert erfassen und wiedergeben zu können, ist es sinnvoll, seinen gedanklichen Aufbau zu untersuchen.
2. Den gedanklichen Aufbau geben Sie wieder, indem Sie kurze Zusammenfassungen zu den jeweiligen Abschnitten anfertigen.
3. Vermeiden Sie es dabei zu zitieren, äußern Sie sich in eigenen Worten.

Aufgabe 1 | Lösungen ab S. 183

Der Text ist in zwei große Abschnitte gegliedert. Im ersten Teil nimmt Canetti eine kritische Bestandsaufnahme zum Selbstverständnis der Autoren und ihrer Funktion vor. Im zweiten Teil verifiziert er seine Aussagen an einem konkreten Beispiel.
Geben Sie den Inhalt der beiden Textabschnitte genau wieder.

Der erste Teil zeigt folgende gedankliche Gliederung:

Zeile 1 – 6: ______________________________

____

____

Zeile 7 – 17: ______________________________

____

____

Zeile 17 – 30: ______________________________

____

____

Zeile 31 – 36: ______________________________

____

____

Zeile 37–57: ______________________________

____

____

Zeile 58–66: ______________________________

____

____

Der zweite Teil zeigt folgende gedankliche Gliederung:

Zeile 67–78: ______________________________

____

____

Zeile 79–86: ______________________________

____

____

Zeile 87–104: ______________________________

____

____

KURZINFO

Der gedankliche Aufbau des Textes

Bei der Untersuchung des gedanklichen Aufbaus eines Textes müssen Sie klären:

- Ist ein Aufbauprinzip optisch erkennbar, z. B. durch eine Gliederung des Textes in Absätze?
- Kann der Text in Sinnabschnitte eingeteilt werden? Wenn ja: Was beinhalten diese jeweils?

Sprachanalyse des Textes

In diesem Abschnitt lernen Sie

1. Um einen Text und seine Aussage angemessen beurteilen zu können, müssen auffallende sprachliche Besonderheiten erkannt und erläutert werden.
2. Wichtig sind in diesem Zusammenhang:
   - die verwendete Stilebene,
   - Auffälligkeiten in der Begrifflichkeit und
   - im Satzbau,
   - rhetorische Mittel und
   - der Adressatenbezug.

Aufgabe 1 | Lösungen ab S. 184
Untersuchen Sie die Sprache des Textes. Beziehen Sie in Ihre Überlegungen die Definitionen ein.

Definition a) Stilebene
Wenn Sie die Stilebene eines Textes untersuchen, klären Sie, ob der Text in Umgangssprache oder Hochsprache geschrieben ist, ob Fachsprache vorherrscht, Jugendsprache oder Dialekt, oder ob eine bestimmte gesellschaftliche Schichtzugehörigkeit anklingt. In der Praxis können Sie davon ausgehen, dass Sie es meist mit einem Text zu tun haben, der in Hoch- oder Standardsprache verfasst ist. Für die Textarbeit sind alle Abweichungen davon interessant: Warum verwendet ein Autor in einem hochsprachlichen Text an bestimmten Stellen Umgangssprache oder Jugendsprache? Was will er damit ausdrücken? Worauf will er den Blick des Lesers lenken?

Untersuchung der Stilebene:

Definition b) Begrifflichkeit

Richten Sie Ihr Augenmerk auch auf die Begrifflichkeit des Autors. Wörter oder Wendungen, die Sie nicht sofort verstehen, sind möglicherweise bewusst so gewählt, dass der Leser darüber nachdenken soll. Denkbar ist auch, dass sie einem bestimmten fachsprachlichen Wortschatz angehören, der nicht jedermann geläufig ist. Klären Sie also, an welche Zuhörerschaft sich der Text wendet, wer angesprochen wird.

Untersuchung der Begrifflichkeit:

Definition c) Satzbau

In ähnlicher Weise muss der Satzbau untersucht werden. Üblicherweise werden in einem Text, der in gehobener Sprache gehalten ist, längere Satzkonstruktionen (hypotaktischer Stil) vorherrschend sein; nur diese ermöglichen eine differenzierte Darlegung eines Sachverhalts. Wie ist es also zu bewerten, wenn ein Autor an einer oder an mehreren Stellen davon abweicht? Was ist seine Intention, was will er dem Leser durch Hauptsatzreihung (Parataxe) oder unvollständige Sätze (Ellipsen) signalisieren?

Untersuchung des Satzbaus:

Definition d) Rhetorische Mittel

Rhetorische Mittel dienen immer dazu, die Aufmerksamkeit des Lesers zu wecken und in eine bestimmte Richtung zu lenken.

Untersuchung der rhetorischen Mittel:

Definition e) Adressatenbezug

Zeitungstexte und vor allem Redetexte erzielen ihre volle Wirkung erst, wenn der Leser bzw. Zuhörer direkt angesprochen wird und dies auch so wahrnimmt. Aus diesem Grund muss auch der Adressatenbezug in die Untersuchung einbezogen werden. Dabei können z. B. folgende Fragen nützlich sein:

- Wird der Leser/Zuhörer angesprochen?
- In welcher Weise wird er angesprochen?
- Was soll damit erreicht werden?

Untersuchung des Adressatenbezugs:

Sprachanalyse des Textes

Bei der Sprachanalyse eines Textes müssen Sie klären:

- Welche Stilebene verwendet der Autor?
- Gibt es im Text Auffälligkeiten im Satzbau oder in der Begrifflichkeit?
- Sind auffällige rhetorische Mittel feststellbar?
- Wer ist der Adressat des Textes?

KURZINFO

Klärung der eigenen Position

In diesem Abschnitt lernen Sie

1. Bei der Texterörterung geht es nur zu einem Teil darum, den Text zu untersuchen.
2. Daran anschließend sollen Sie das Kernproblem des Textes erörtern und dabei auch Ihre eigene Meinung begründend darlegen.

Aufgabe 1 | Lösungen ab S. 185

Formulieren Sie drei konkrete Fragen, die Ihnen helfen, den Erörterungsteil der vorliegenden Aufgabe zu bewältigen. Beachten Sie die Definition.

Definition:

Im Erörterungsteil der Texterörterung sollten Sie folgende Fragen klären:

- Welchen Bezug habe ich selbst zu diesem Problem?
- Stimme ich zu, lehne ich ab, kann ich teilweise zustimmen?
- Welche eigenen Ideen habe ich zu diesem Thema?
- Welche Argumente kann ich anführen?
- Zu welchem begründeten Ergebnis komme ich?

1. ______________________________

2. ______________________________

3. ______________________________

KURZINFO

Klärung der eigenen Position

Wenn Sie Ihre eigene Position darlegen, müssen Sie beachten:

- Ausgangspunkt für Ihre Überlegungen sind die im vorliegenden Text geäußerten Gedanken, Meinungen und Thesen.
- Diese müssen Sie in Ihre Überlegungen einbeziehen, können Sie aber jederzeit befürworten, korrigieren, ergänzen oder andere Alternativen aufzeigen.
- In jedem Fall müssen Sie aber begründet vorgehen und Ihre Darlegungen nachvollziehbar machen.
- Damit befinden Sie sich im Bereich der Erörterung. Gehen Sie also wie bei jeder anderen Form der Erörterung auch vor: Formulieren Sie Thesen, begründen Sie und belegen Sie diese.

Gestaltung der Gliederung

In diesem Abschnitt lernen Sie

Meist wird bei einem Erörterungsaufsatz eine Gliederung erwartet. Das ist bei der Texterörterung nicht anders, doch gibt es hier eine Besonderheit:

- Der **Hauptteil ist zweigeteilt**. Der erste Teil bezieht sich auf den zugrunde liegenden Text, der zweite Teil skizziert den Verlauf der Erörterung.
- Selbstverständlich fallen beide Teile knapper aus, als das bei einer reinen Textanalyse oder einer Problemerörterung der Fall ist.
- Außerdem müssen diese beiden Teile nicht zwingend in nur zwei Gliederungspunkten behandelt werden.

Aufgabe 1 | Lösungen ab S. 185

Erstellen Sie zu der Texterörterung über die Canetti-Rede eine passende Gliederung.

____

____

____

Gestaltung der Gliederung

Beim Anfertigen einer Gliederung sollten Sie beachten:

- Die Gliederung der Texterörterung folgt dem bekannten dreiteiligen Modell (Einleitung, Hauptteil, Schluss).
- Im Hauptteil muss zuerst eine fundierte Auseinandersetzung mit dem Text, der Ihrer Arbeit zugrunde liegt, erfolgen. Untersuchen Sie zuerst Inhalt, Aufbau und sprachliche Gestaltung. Wenn es Ihnen sinnvoll erscheint, können Sie auch auf die Autorintention eingehen.
- Der zweite Teil des Hauptteils ist der Erörterung vorbehalten. Diese muss sich an dem Kerngedanken des Textes orientieren, sollte aber darüber hinausweisen, indem Sie eigene Gedanken zum Thema einbringen. Am Ende sollten Sie zu einem abschließenden Urteil kommen.
- Auch diese Gliederung muss den einleitenden und den Schlussgedanken Ihrer Arbeit erkennen lassen.

KURZINFO

Checkliste: Die Texterörterung

1. Die wichtigsten Arbeitsschritte

Untersuchung der Aufgabenstellung:

- Überprüfen Sie, wie die Aufgabenstellung formuliert ist: Sollen Sie einen genau benannten thematischen oder inhaltlichen Aspekt aus dem vorliegenden Text erörtern oder wird erwartet, dass Sie vorwiegend eigene Gedanken zur Kernaussage dieses Textes diskutieren?
- Bei der Texterörterung handelt es sich in der Regel um eine Erörterung, die dem steigernden Typ entspricht.

Zur Textanalyse:

- Klären Sie, worum es im vorliegenden Text geht. An wen ist er gerichtet?
- Wie ist der Text gegliedert? Wie ist er sprachlich gestaltet? Wie lautet die Kernaussage?

Zur Erörterung:

Stoffsammlung:

- Welche Gesichtspunkte ergeben sich durch Nachdenken über das Thema (Brainstorming)?
- Können Sie erste Gedanken zum Thema in der Form der Stichwortliste oder des Clusters festhalten?
- Welche Stellen aus dem zugrunde liegenden Text können als Beleg für Ihre Aussagen dienen?
- Welche anderen Gesichtspunkte sind für Ihr Thema relevant?

Stoffordnung:

- Welche Methode der Stoffordnung wollen Sie wählen: die geordnete Stichwortliste oder die Mindmap?
- Bei der geordneten Stichwortliste kann nach Pro- und Kontra-Argumenten differenziert werden.
- Die Mindmap lässt sich durch Hinzufügen neuer Gedanken leicht ergänzen.

Zum gesamten Aufsatz:

Anfertigen einer Gliederung:

- Die Gliederung kann zuerst als Arbeitsgliederung angelegt sein, muss aber am Ende in Reinform übertragen werden, wenn sie abgegeben werden muss.
- Die Gliederung besteht aus drei Teilen: Einleitung, Hauptteil und Schluss.
- Der Hauptteil der Gliederung ist zweigeteilt. Im ersten Teil nehmen Sie eine Textanalyse des vorliegenden Textes vor. Je nach Aufgabenstellung steht die Zusammenfassung des Textinhaltes, eine Sprachanalyse oder eine Untersuchung der inhaltlichen Aspekte im Mittelpunkt.

- Der zweite Teil ist der Erörterung vorbehalten. Dabei diskutieren Sie entweder eine Kernaussage dieses Textes oder Sie setzen sich mit dem angesprochenen Problem argumentativ auseinander.
- Falls Sie nach dem dialektischen Prinzip erörtern sollen, muss die Gliederung im Erörterungsteil entsprechend aufgebaut sein: Zuerst wird die Antithese genannt; sie beginnt mit dem gewichtigsten Argument und endet mit dem schwächsten. Dann dreht sich die Argumentation, die These folgt: Sie beginnt mit dem schwächsten Argument und endet mit dem aussagekräftigsten.
- Die Gliederung kann nach dem numerischen (I., II., II.1, II.2, III.) oder nach dem alphanumerischen Prinzip (A., B., B.I, B.I.1, B.II., C.) gestaltet sein. Achten Sie darauf, dass Sie das gewählte Gliederungsprinzip bis zum Schluss durchhalten.

Gestaltung der Argumentation:
- Das Grundschema, nach dem ein Argument ausgeführt wird, entspricht dem, das Sie von den anderen Formen der Erörterung kennen: These – Begründung – Beispiel oder Beweis – Rückführung zur These/Schlussfolgerung.
- Um Ihrer Argumentation mehr Gewicht zu verleihen, sollten Sie die Argumentationskette dem Argumentationskreis vorziehen.
- Wechseln Sie aus stilistischen Gründen zwischen deduktiver und induktiver Argumentation ab.

Zusammenfassung der Gedanken:
- Bei der Texterörterung können Sie das Ergebnis Ihrer Argumentation meist im Schluss zusammenfassen.
- Wenn die Aufgabenstellung jedoch eine literarische Erörterung nach dem dialektischen Prinzip erfordert, sollten Sie die Ergebnisse Ihrer Argumentation in Form einer Synthese zusammenfassen. Die Synthese ist in diesem Fall der letzte Punkt im Hauptteil Ihres Erörterungsaufsatzes.

Gestaltung von Einleitung und Schluss:
- Mit der Einleitung sollen Sie zum Hauptteil hinführen, ohne einen wichtigen Aspekt vorwegzunehmen.
- In der Einleitung einer Texterörterung können Sie z. B. alle Aspekte behandeln, die den Autor betreffen (seine Biografie, sein literarisches Werk, die Epoche, in der er wirkte) oder auch die im Text angesprochene Problematik.
- Beachten Sie beim Schluss: Knüpft er an die Einleitung an? Werden die wichtigsten Aspekte aus dem Hauptteil in den Schlussgedanken einbezogen? Und: Rundet der Schluss die Arbeit angemessen ab?

2. Ausführung

Die Argumentation im Aufsatz:

- Begründen Sie Ihre Aussagen. Wenn Sie nur Behauptungen aufstellen, können Sie niemand überzeugen.
- Belegen Sie Ihre Aussagen durch Beispiele aus dem vorgegebenen Text. Beachten Sie dabei die Zitierregeln.
- Im Erörterungsteil können Sie Ihre Ausführungen auch durch eigene Beispiele belegen. Achten Sie jedoch darauf, dass diese nicht beliebig wirken, sondern Aussagen zum Inhalt haben, die allgemein nachvollziehbar sind.
- Beachten Sie, dass die Rückführung zur These notwendig ist, damit Ihre Argumentation nicht in der Luft hängt.

Die sprachliche Gestaltung:

- Verwenden Sie eine sachlich-argumentative Sprache, die den Leser überzeugt.
- Bilden Sie nicht zu einfache Sätze; verwenden Sie bevorzugt Satzgefüge, nicht Satzreihen.

3. Ergebnis

inhaltlich:

- Untersuchen Sie den Text genau. Erfassen Sie die Kerngedanken. Legen Sie eine stimmige Analyse vor.
- Im Erörterungsteil sollten Sie zu einem gut begründeten, gedanklich eigenständigen Urteil kommen.

formal:

- Achten Sie darauf, dass Ihr Aufsatz zur Gliederung passt. Passen Sie andernfalls die Gliederung dem Aufsatz an.

Die Texterörterung anhand eines Zeitungstextes

Aufgabenstellung

Fassen Sie den Kerngedanken dieses Zeitungsartikels in eigenen Worten zusammen. Legen Sie dar, was der Verfasser, Rudolf Steffens, unter „Lesen" versteht. Welche Bedeutung schreibt er dem Lesen und dem Lesenlernen zu? Welche Aufgabe kommt der Schule in Bezug auf das Lesenlernen zu? Klären und erörtern Sie die im Text genannten Vorstellungen.

Rudolf Steffens:
Gelesen heißt noch nicht verstanden. Wie kann die Lesekompetenz von Schülerinnen und Schülern gefördert werden?

Nicht gut lesen zu können, bedeutet weit mehr als einfach nur ein paar Schwierigkeiten mit gewissen Texten zu haben. Es bedeutet, tiefgreifende Lernprobleme zu bekommen. Mit der Lesekompetenz greift die PISA-Studie eine kulturelle Schlüsselqualifikation auf, die ein ganzes Bündel an Fähigkeiten, Kenntnissen, Strategien und Techniken meint. So ist Lesenlernen ein komplexer und mit keiner Schulstufe abgeschlossener Prozess, der für fast jedes Weiterlernen unverzichtbar ist. So verstanden geht es beim Thema Lesenlernen um die Kultivierung unserer Lernfähigkeit. Wie also kann die Lesekompetenz von Schülerinnen und Schülern gefördert werden? Mit dem „reziproken Lernen", dem wechselseitigen Lesenlehren und -lernen, bei dem Schülerinnen und Schüler zwischen der Rolle des Lehrenden und der Rolle des Lernenden hin und her wechseln, bietet sich ein Verfahren an, mit dem nicht nur leseschwache Kinder und Jugendliche unterstützt werden können.

Nahezu alle Menschen in unserem Lande haben in der Schule lesen gelernt, aber viele Kinder, Jugendliche und auch Erwachsene können nicht hinreichend gut verstehen, was sie lesen. Und noch entscheidender ist: Sie wissen gar nicht, dass sie es nicht verstehen. Dieses Nicht-Können und Nicht-davon-Wissen ist in der Lernforschung als ein Merkmal eines allgemeinen Problems aufgefallen: Lernende kennen sich als Lernende – und damit ihren Lernprozess, ihre Lernschwierigkeiten – nicht gut genug. Damit korrespondiert, dass viele Lehrerinnen und Lehrer die individuellen Einzelprobleme ihrer Schülerinnen und Schüler vielfach ebenfalls nicht hinreichend gut kennen.

In der PISA-Studie haben Lehrkräfte nur etwa 11 Prozent der Schülerinnen und Schüler, die bei den Aufgabenlösungen nicht einmal die Kompetenzstufe I erreichten, auch als „schlechte Leser“ erkannt [...]. Vielleicht können viele dieser Kinder flüssig lesen – aber offensichtlich nur wenig verstehen.

Die fatale Wechselwirkung aus falscher Selbsteinschätzung und Diagnoseproblemen von Lehrkräften ist Grund genug, diesem Doppel-Problem alle Aufmerksamkeit zu schenken: den Bedingungen für bewusstes strategisches Vorgehen der Leserinnen und Leser, dem Aufbau von Wort-, Satz- und Textbedeutungen, der Verstehensschulung, der Denkerziehung und den sich stellenden Schwierigkeiten, die nicht übergangen werden dürfen.

Das alles muss da geschehen, wo das Lernen mit und aus Texten seinen „didaktischen Ort“ hat. Also nicht nur im Deutschunterricht und allemal nicht nur mit literarischen Texten, sondern in allen Fächern und stets bei der Arbeit mit Texten, mit ihren jeweils vielfältigen Formen, unterschiedlichen Herausforderungen und inhaltsbezogenen Interessen der Schülerinnen und Schüler. Der Deutschunterricht spielt für die Lese- und Verstehenskompetenz zwar eine entscheidende Rolle. Aber er kann sie nicht allein wahrnehmen. Leseförderung muss beim Lernen mit Texten auch in jeweils facheigener Zuständigkeit entwickelt werden.

Das von den Erziehungswissenschaftlerinnen Annemarie Palinscar und Ann Brown Anfang der achtziger Jahre entwickelte Verfahren des „Reziproken Lehrens und Lernens“ zur Förderung leseschwacher Schülerinnen und Schüler ist beispielgebend. Nichts daran ist wirklich neu. Aber das Bekannte kommt auf neue und effektiv förderliche Weise zur Geltung. Schülerinnen und Schüler in Gruppen mit 4 bis 7 Mitgliedern übernehmen beim Gespräch über einen Sachtext – einander abwechselnd – zwei unterschiedliche Rollen: Als Gruppenleiterinnen bzw. -leiter fordern sie die Anwendung einer weitgehend festen Sequenz von Strategien, die das Gespräch strukturieren; als lernende Gruppenmitglieder wenden sie diese selbst an [...]. Sie gehen so den Weg vom Lernen zum Lehren und umgekehrt. Darin liegt der namengebende reziproke Charakter des Verfahrens.

Nachdem der erste Abschnitt des Textes still gelesen und dann vorgelesen worden ist, hat die Gruppenleiterin bzw. der Gruppenleiter das erste Wort. Das Gespräch kann sich wie folgt entwickeln:

- Sie stellen Fragen, die aus dem Text heraus beantwortet werden können.
- Sie formulieren und schlagen eine Zusammenfassung des Textabschnitts vor.
- Sie fordern zu Worterklärungen und zur Erläuterung unklarer Textstellen auf.
- Sie „wagen“ zum Abschluss ihres Rollenparts eine Vorhersage dessen, was der folgende Textabschnitt wohl bringen wird.

Alle Gruppenmitglieder wenden die Strategien an: Sie antworten, fragen ihrerseits, ergänzen, verbessern, klären, fordern Klärungen ein, stellen Hypothesen auf und prüfen – und das viele Male. Dabei geht es um strukturierten und kooperativen Wissensaufbau.

Am besten wird das Muster des strategischen Vorgehens dadurch eingeführt, dass es praktisch „vorgeführt“ wird – in der Grundschule ab der 3./4. Jahrgangsstufe oder im Laufe der Sekundarschulzeit. Die Lehrerinnen bzw. Lehrer „spielen“ die Rolle der Gruppenleitung, bieten ein Modell der Strategieanwendung und sorgen für Rückblicke auf die Verfahrensweise und unter allen Umständen für anerkennende Rückmeldungen an die Schülerinnen und Schüler.

Die Lehrenden bauen ihre Steuerung in „passender“ Stufung zugunsten der Arbeit in Gruppen ab. Sie werden selbst Mitglied einer Gruppe, beteiligen sich und beobachten. Die einzelnen Gruppen verfahren entsprechend ihrer eigenen Lern- und Leistungsfähigkeit.

Wenn die Schülerinnen und Schüler die Strategien zunehmend selbstständig anwenden können, dann sind sie auf dem Weg dazu, einen Sachtext „elaborativ“ zu lesen und inhaltlich zu erschließen. Das Wissen um so genannte Elaborationsstrategien (also Anreichern, Ergänzen, Klären, Beziehungen herstellen zu eigenen Erfahrungen, Schlussfolgerungen ziehen, Verbindungen zwischen Textteilen und zwischen Text und Wirklichkeit herstellen) und natürlich die Fähigkeit sie anzuwenden, erwies sich in der PISA-Studie als ein wesentlicher Faktor für Lesekompetenz.

Angstfreiheit, Erfahrungen der eigenen Wirksamkeit, soziale Anerkennung und Einbettung sind mächtige Verbündete bei der Herausbildung des Wollens und bei der Verinnerlichung und zunehmenden Beherrschung des reziproken Verfahrens. Vor allem dem motivationalen und emotionalen Erfolg kann es zugeschrieben werden, dass die Kinder die Strategien „auf Dauer“ anwenden. Die Anwendung der Strategie-Sequenz verhilft auch dazu, das eigene Verstehen bzw. Nicht-Verstehen zu prüfen, sich selbst besser kennen und selbstreguliert vorgehen zu lernen. In der PISA-Studie ist von „Kontrollstrategien“ die Rede, die einen entscheidenden Einfluss auf die gezeigten Leistungen haben.

Hinzu kommen noch – in der Lernforschung und bei PISA – „Metakognition“ und „Regulation“. Je mehr ich über Strategien weiß, desto effektiver kann ich sie einsetzen und das eigene Lernen, die Lern- und Verstehensprozesse, steuern. Beim reziproken Gruppenlesen bedeutet das z. B.: Das Verfahren initiiert stilles und lautes Lesen. Die Leseaufgaben wecken und richten die Aufmerksamkeit. Sie lassen das Denken hin- und herspringen, etwa zwischen dem Erfragten oder zu Klärenden einerseits und dem Verstandenen andererseits. Sie veranlassen, nach der Funktion der Teile im Ganzen zu suchen, wichtige Teile gegenüber anderen auszulesen, sie zu verknüpfen und das in eigenen Worten zu leisten. Sie fordern heraus, neues Wissen mit dem Vor-Wissen zu vergleichen, zu verbinden und von dem vorhandenen Wissen aus auf das Kommende antizipierend vorzugreifen [...].

Man kann solche Komponenten des Verstehens als die Chance aufgreifen, beim Lernen mit Texten das Denken beweglich zu machen.

Es versteht sich: Das reziproke Lernen und Lehren kann nicht alles aufbieten, was Lerntexte Schülerinnen und Schülern an Lesekompetenzen abverlangen, z. B. an Wissen, Können, Motivbildung und Wollen, Denken und Empfinden, Einstellungen und Vorgehensweisen. Das Verfahren bietet viel, worauf es uns ankommen muss; es zeigt uns vor allem wichtige Funktionen von Strategien überhaupt: Dem elaborativen Ausarbeiten dienen die Fragen, Klärungen und Voraussagen; das Zusammenfassen dient der Reduktion und Verdichtung; das Abgrenzen von Verstandenem und Nicht-Verstandenem dient der Kontrolle und dem Aufbau des Verstehens; das vorausdenkende Fortsetzen kann wie das Vor-Organisieren oder Vor-Aktivieren dieses Aufbaus wirken. In solchem Sinne gelten die Strategien des reziproken Verfahrens allgemein und sind auf alle Texte anwendbar, denen diese Funktionen zugute kommen können.

„Semantisch widerständig“ in gewissem Grade sollten diese Texte allerdings oft sein, schon deshalb, damit sie strategisches Verhalten auch herausfordern. Allzu leichte Texte bzw. Aufgaben und allzu schwere tun das sicher nicht. [...]

Checkliste für die Bearbeitung der Aufgabe

Die Aufgabenstellung besteht aus **zwei Teilen, die in sich untergliedert** sind:

- Im ersten Teil sollen Sie zeigen, was der Autor des vorliegenden Textes, Rudolf Steffens, unter „Lesen“ versteht und welche Bedeutung er dem Lesen und dem Lesenlernen beimisst.
- Im zweiten Teil sollen Sie klären, welche Bedeutung Steffens der Schule im Leselernprozess zuschreibt und Ihre eigenen Gedanken dazu einbringen.

Das vorliegende Aufsatzbeispiel hält sich eng an die Aufgabenstellung. Der Hauptteil ist lediglich um den Gliederungspunkt „Zusammenfassung des Textes“ erweitert, da es sinnvoll ist, vor der detaillierten Auseinandersetzung mit einem Text diesen zuerst für sich selbst und für den Leser in seinen inhaltlichen und argumentativen Grundzügen wiederzugeben.
Darüber hinaus sollten Sie Ihren Aufsatz mit einem Einleitungs- und einem Schlussteil versehen. In der Einleitung können Sie eine kurze Einführung in das Problem, das in diesem Zeitungsartikel behandelt wird, geben. Der Schluss muss dann die gesamte Arbeit, die Textwiedergabe, die Textdiskussion und Ihre eigene Erörterung zusammenfassen und abrunden.

Ergebnisse der Vorarbeiten

Folgende Aspekte sollten Sie beim Schreiben berücksichtigen:

Zu A. Einleitung:
Das Bildungssystem in der Krise

Rudolf Steffens fordert in seinem Artikel „Gelesen heißt noch nicht verstanden“ einen Neuansatz in der Leseförderung, da er das Lesen für eine kulturelle Schlüsselqualifikation hält. Da Ihnen Klagen über den derzeitigen Stand des Bildungssystems bzw. die Qualität der Ausbildung an öffentlichen Schulen nicht fremd sein werden, sollten Sie diese Gedanken, zu denen Sie sicher eine eigene Meinung haben, für den Themeneinstieg nutzen.

Zu B. Hauptteil:
Analyse und Erörterung des Zeitungsartikels von Rudolf Steffens „Gelesen heißt noch nicht verstanden“

I. Zusammenfassung des Textes

Die Textzusammenfassung hilft Ihnen, den Text genau zu verstehen. Außerdem legen Sie für Ihre Leser dar, wie Sie den Text verstanden haben und wo Sie selbst Schwerpunkte sehen, die Sie dann erörtern werden.

II. Das Lesen und seine Bedeutung nach Rudolf Steffens

Diesen Gliederungspunkt können Sie recht knapp abhandeln, da er zwar in der Aufgabenstellung verlangt ist, inhaltlich aber wenig hergibt. Sie müssen aber darlegen, dass es Steffens nicht nur um die Fertigkeit des Lesens geht, sondern dass ihm vor allem das Verstehen des Gelesenen ein Anliegen ist.

III. Die Bedeutung der Schule beim Lesenlernen

Bei diesem Gliederungspunkt müssen Sie selbst Stellung beziehen; Sie müssen Ihre Meinung dabei stimmig begründen. Das Problem besteht darin, dass im vorliegenden Zeitungstext nicht genau ausgeführt wird, warum das verstehende Lesen so wichtig ist. Außerdem sollten Sie – ausgehend von Steffens' Thesen – erörtern, wo die Leseförderung in der Schule angesiedelt sein kann und was die Gesellschaft über das schulische Lernen hinaus tun sollte, um dem Lesen den Stellenwert zu verschaffen, der ihm zukommt.

Zu C. Schluss:
Lesen als kulturelle Schlüsselqualifikation in der Wissensgesellschaft

Der Schluss sollte Ihre Arbeit abrunden, was am leichtesten gelingt, wenn Sie an den Einleitungsgedanken anknüpfen und die Ergebnisse Ihrer Erörterung in Ihr Resümee einbeziehen. So ist es in diesem Beispiel vorgemacht.

Ausformulierte Lösung

Gliederung

A. Das Bildungssystem in der Krise

B. Analyse und Erörterung des Zeitungsartikels von Rudolf Steffens „Gelesen heißt noch nicht verstanden"
   - I. Zusammenfassung des Textes
   - II. Das Lesen und seine Bedeutung nach Rudolf Steffens
     1. Die Verwendung des Begriffs „Lesen"
     2. Die Bedeutung des Lesens und des Lesenlernens
   - III. Die Bedeutung der Schule beim Lesenlernen
     1. Lesen im Unterricht
     2. Die Aufgabe des Deutschunterrichts
     3. Die Funktion der anderen Unterrichtsfächer
     4. Erziehung zum Lesen als gesamtgesellschaftliche Aufgabe

C. Lesen als kulturelle Schlüsselqualifikation in der Wissensgesellschaft

A. Einleitung: Das Bildungssystem in der Krise

In letzter Zeit sind verstärkt Klagen über das deutsche Bildungssystem zu hören: Viele Schüler fühlen sich angesichts der Stofffülle überfordert und in ihren eigenen Bedürfnissen nicht ernst genommen, viele Eltern beklagen die frühe Festlegung ihrer Kinder auf eine bestimmte Schulform und damit auf einen ganz bestimmten Berufstypus, Lehrer resignieren, weil sie sich den einzelnen Schülerinnen und Schülern meist nicht in ausreichendem Maß zuwenden können. Auch aus Kreisen der Wirtschaft ist oft zu hören, dass die deutschen Schulabgänger nicht in ausreichendem Maß über die viel beschworenen Schlüsselqualifikationen verfügen würden, und Politiker, die dann in die gleiche Kerbe schlagen, versprechen „Reformen".

Überleitung zum Hauptteil

Ausgehend von der PISA-Studie beschäftigt sich Rudolf Steffens in seinem Artikel „Gelesen heißt noch nicht verstanden" mit dem Problem der kulturellen Schlüsselqualifikation Lesen und macht deutlich, dass es die besondere Aufgabe der Lehrerinnen und Lehrer aller Fächer sei, die Leseschwächen der Schüler zu erkennen und ihre Lese- und Verstehensfähigkeit durch ein geeignetes Vorgehen zu fördern.

B. Hauptteil: Analyse und Erörterung des Zeitungsartikels von Rudolf Steffens: „Gelesen heißt noch nicht verstanden"

I. Zusammenfassung des Textes

Rudolf Steffens geht in seinem Artikel davon aus, dass es sich beim Lesen um eine kulturelle Schlüsselqualifikation handelt, die für die persönliche Weiterbildung unabdingbar ist. Dabei spricht Steffens nicht von Analphabeten, die überhaupt nicht lesen können. Er hat vielmehr die Menschen im Blick, die nicht gut genug lesen können, um den Sinn des Gelesenen zu verstehen, und denen ihr Defizit gar nicht bewusst ist. Ein besonderes Problem sieht der Autor darin, dass auch die Lehrkräfte die Lese- und Verstehensschwächen ihrer Schülerinnen und Schüler oft nicht erkennen und deshalb nicht mit Fördermaßnahmen angemessen darauf reagieren. Steffens bejaht zwar die Leitfunktion des Faches Deutsch, fordert aber, dass das Lesenlernen auch in allen anderen Fächern, in denen mit Texten gearbeitet wird, seinen „didaktischen Ort" (Z. 43) haben müsse.

Im zweiten Teil seines Artikels stellt Steffens eine Methode des vertieften Lesenlernens dar, die er für geeignet hält, die in seinem Sinn definierten leseschwachen Schüler zu fördern. Es handelt sich dabei um die Methode des „Reziproken Lehrens und Lernens" (Z. 55), die von den Erziehungswissenschaftlerinnen Annemarie Palinscar und Ann Brown entwickelt wurde. Das Verfahren beruht darauf, dass sich die Schülerinnen und Schüler in Kleingruppen mit einem Sachtext beschäftigen und dabei wechselweise die Rolle des Lehrenden und des Lernenden einnehmen. Dabei geht es Steffens nicht vorrangig darum, dass die Schülerinnen und Schüler den Text möglichst schnell verstehen, ihn also auf die Kernaussagen reduzieren. Er sieht vielmehr den Vorzug darin, dass die Lernenden „Strategien" anwenden, also Fragen an den Text richten, ihn „ergänzen, verbessern, klären" (Z. 81), Verstehenshypothesen aufstellen und diese wieder selbst hinterfragen. Das Neue dieser Methode liegt – so Steffens – weniger darin, dass die Schülerinnen und Schüler einen Text erschließen, sondern darin, dass sie sich intensiv mit dem Textinhalt auseinandersetzen und dies in einem lernfördernden sozialen Klima, das in einer angstfreien Umgebung Lernen, hier am Beispiel des Lesens, möglich macht.

Im letzten Teil des Artikels zieht Steffens ein Resümee. Er räumt ein, dass die beispielhaft genannte Methode nicht alle Defizite der bisherigen Leseförderung beheben könne. Trotzdem bekräftigt er diesen Ansatz, da er mehr leiste, als die bisher im Deutschunterricht eingesetzten Verfahren. Voraussetzung sei aber – so Steffens abschließend – dass das Anspruchsniveau der Texte nicht zu niedrig sei, sondern für die Schülerinnen und Schüler eine Herausforderung bedeute.

II. Das Lesen und seine Bedeutung nach Rudolf Steffens

Rudolf Steffens äußert sich in seinem Artikel „Gelesen aber nicht verstanden" zwar zum Thema Lesen, er macht aber deutlich, dass es verschiedene Arten von Lesen gibt. Ihm geht es weniger um die Fähigkeit, flüssig zu lesen, vielleicht auch sinngerecht zu artikulieren, ihm geht es vielmehr darum, dass das Gelesene auch verstanden wird.

1. Die Verwendung des Begriffs „Lesen"

Lesen ist nicht gleichzusetzen mit verstehen – das macht Rudolf Steffens schon zu Beginn seines Artikels deutlich. Das Lesen ist eine Fertigkeit, die in der Schule gelehrt und im Deutschunterricht gepflegt wird. Lesen bedeutet aber, wie Steffens betont, noch viel mehr: Wer liest, muss das Gelesene hinterfragen, kritisieren, weiterdenken, kurz: er muss es verstehen. Das ist jedoch, darf man dem Autor glauben, eine Fähigkeit, über die nicht alle Menschen verfügen, die lesen können.

Rudolf Steffens betont die zentrale Bedeutung des Lesens für das Lernen. Jeder Lernende ist auf Vermittlung der Lerninhalte durch Texte angewiesen, nicht nur in der Schule, sondern auch im Bereich der Weiterbildung. Aus diesem Grund hält es Steffens für eine Voraussetzung schulischer Bildung, dass die Schülerinnen und Schüler nicht nur lesen, sondern das Gelesene auch verstehen können. Steffens hält dieses Anliegen für so wichtig, dass er das Lesenlernen nicht allein im Deutschunterricht angesiedelt wissen will. Er plädiert vielmehr dafür, dass sich auch die Lehrkräfte der anderen Unterrichtsfächer aufgefordert fühlen, auf die Lesekompetenz der Schüler zu achten und sie zu fördern. Dies soll den Deutschunterricht nicht ersetzen, sondern ihn mithilfe angemessener Beispiele und Unterrichtsinhalte dieser Fächer ergänzen.

Ein anderer Aspekt, der das „reziproke Lernen" (Z. 12) für Steffens attraktiv erscheinen lässt, ist die Vermittlung von Strategien. Die Strategie, die er vermittelt wissen will, ist, dass Schüler den Text bzw. die ihm innewohnenden Inhalte nicht nur zusammenfassen lernen, sondern dass sie lernen, darüber nachzudenken. Dies ermöglicht es ihnen, eigene Gedanken einfließen zu lassen, diese mit ihren Teamkollegen zu diskutieren, auf den Informationen des Textes aufzubauen, den Text weiterzudenken. Dadurch wird ein Lernprozess angeregt, der über die Reproduktion des Gelesenen hinausgeht und sowohl das Denken wie auch die Einsicht in die jeweiligen Fachinhalte schult.

Schon die Überschrift des Zeitungsartikels hebt die Wichtigkeit des Lesens hervor. Das Lesen hat für ein rohstoffarmes Land wie Deutschland fundamentale Bedeutung, da es die Grundlage schafft für eine umfassende Bildung des Volkes, die wiederum der Garant für wirtschaftlichen Aufschwung ist. Besondere Wichtigkeit hat das Lesen aber auch für jeden einzelnen Menschen als Mittel zur Erlangung von Wissen, Bildung und vor allem beruflicher Qualifikation und damit als Grundlage für individuellen sozialen Aufstieg. Der Schule kommt beim Leselernprozess der Schüler eine besondere Bedeutung zu. Schüler lernen das Lesen in der Regel erst in der Schule, sie üben flüssig zu lesen, sinnvolle Pausen zu setzen und angemessen zu betonen. Sie lernen auch sinnerfassend zu lesen, was jedoch nicht immer gelingt, wenn man den Ausführungen von Rudolf Steffens glauben darf.

2. Die Aufgabe des Deutschunterrichts

Den angemessenen Umgang mit Texten den Schülern beizubringen ist in erster Linie Aufgabe des Deutschunterrichts. Dort werden literarische Texte und Sachtexte gelesen, besprochen, zusammengefasst, in Sinnabschnitte gegliedert, mit Zwischenüberschriften versehen usw. In höheren Jahrgangsstufen werden Inhaltsangaben zu Texten geschrieben, wobei die Lehrkräfte darauf bauen, dass jeder Schüler den Text versteht. In der Oberstufe steht die Textarbeit meist im Mittelpunkt des Deutschunterrichts; die Schüler verfassen Textanalysen, interpretieren literarische Texte, schreiben Parodien zu Texten oder erörtern deren Sinngehalt. Dies zeigt, dass dem Deutschunterricht eine Schlüsselrolle zukommt, wenn es darum geht, Schülerinnen und Schüler mit Texten und ihren Inhalten vertraut zu machen und sie zur Stellungnahme oder zum kritischen Umgang damit anzuregen. Dass der Deutschunterricht dies anregen, jedoch nicht in jedem Fall zu leisten vermag, zeigen viele Beispiele aus dem Unterricht; den grundsätzlichen Bedenken Rudolf Steffens', was die Verstehensfähigkeit mancher Schüler anbelangt, ist also zuzustimmen.

3. Die Funktion der anderen Unterrichtsfächer

Auch in den Fremdsprachen werden Schülerinnen und Schüler mit Texten konfrontiert, die sie lesen und verstehen müssen. Textarbeit ist auch hier ein wichtiger Bestandteil des Unterrichts. Anders verhält es sich jedoch in den Sachfächern wie Geschichte, Politik, Sozialkunde, Religion und naturwissenschaftlichen Fächern wie Biologie, Chemie, Physik. Zwar kann man auch in diesen Fächern wichtige Informationen aus Texten beziehen, doch spielt hier die Arbeit am und mit dem Text eine wesentlich geringere Rolle. Hier setzt Rudolf Steffens an, wenn er fordert, auch diese Fächer sollten in den Leselernprozess einbezogen werden. Und wirklich ist es so, dass sich die Schülerinnen und Schüler in den Sachfächern und den Naturwissenschaften oft mehr auf das Gehörte und das im Experiment Erprobte verlassen und Texte nur eine untergeordnete Rolle spielen. Will man eine konsequente Leseförderung im Sinn von Steffens – „Gelesen heißt noch nicht verstanden" – betreiben, wäre es sicher sinnvoll, auch diese Fächer einzubeziehen und die Lehrkräfte dafür zu sensibilisieren, ihren Schülern das Verstehen von Sachtexten beizubringen. Die von Steffens angeregte reziproke Methode ist dabei bestimmt zeitaufwändig, vermutlich aber nützlich, weil die Schülerinnen und Schüler dabei nicht nur das Lesen, sondern auch die fachspezifischen Inhalte intensiver lernen, sich mit ihnen auseinandersetzen, eigene Ideen entwickeln und den Lernstoff gründlicher gedanklich durchdringen. Unter fachspezifischen Gesichtspunkten wäre dieses Vorgehen für die Sachfächer also sogar von Vorteil.

4. Erziehung zum Lesen als gesamtgesellschaftliche Aufgabe

Lesenlernen im Sinn von Rudolf Steffens, also das Gelesene durchdringen zu lernen, muss im Unterricht angeregt und eingeübt werden; hier werden die technischen Fähigkeiten zugrunde gelegt, die Methode wird eingeübt, bis sie zur Selbstverständlichkeit wird. Es wäre jedoch falsch, alle Verantwortung dafür in den Unterricht zu verlegen. Wenn das Lesen eine „kulturelle Schlüsselqualifikation" (Z. 4f.) darstellt, wie Steffens behauptet und woran auch niemand, der sich ernsthaft mit dem Thema beschäftigt, zweifelt, dann ist es auch die Aufgabe der Gesellschaft, dem Lesen einen adäquaten Stellenwert dadurch zu verschaffen, dass es ein Thema ist, das in der Öffentlichkeit eine Rolle spielt.

Dieser Anspruch ist in unserer Gesellschaft zweifellos verwirklicht. Das Lesen spielt im kulturellen Bereich eine Rolle: Nicht nur in größeren Städten finden regelmäßig Dichterlesungen statt; oft lesen Schauspieler aus literarischen Werken, z.B. im Rahmen einer Matinee; in Fernsehsendungen, z.B. dem „Literarischen Quartett", werden Bücher besprochen; im Feuilleton der Tages- und Wochenzeitungen finden sich Rezensionen zu allen wichtigen Neuerscheinungen. Auch die Schule leistet außerhalb des Unterrichts einen erheblichen Beitrag zur Leseförderung, etwa indem Lesenächte veranstaltet werden, in denen die Schülerinnen und Schüler ihren Mitschülern aus ihren Lieblingsbüchern vorlesen dürfen. Auch der Vorlesewettbewerb, der alljährlich

vom Börsenverein des Deutschen Buchhandels ausgeschrieben wird, regt die Schüler zu intensiver Lektüre an.
Trotz dieser vielfältigen Bemühungen um das Lesen sind noch immer Schwachstellen erkennbar. So muss man sich fragen, ob es sinnvoll ist, gerade sozial schwächere Bevölkerungsschichten von einer regelmäßigen Benutzung öffentlicher Bibliotheken abzuhalten, indem die Ausleihe von Büchern mit Gebühren belegt wird. Auch viele Zeitungen und Zeitschriften arbeiten den Bemühungen um einen gewissen inhaltlichen und stilistischen Anspruch entgegen, wenn sie in einfacher Sprache allzu plakativ argumentieren. Hinzu kommt, dass Literatur im Fernsehen zwar thematisiert wird, einschlägige Sendungen aber spät am Abend oder zu anderen ungünstigen Sendezeiten ausgestrahlt werden.
Die Beispiele zeigen, dass es dringend erforderlich ist, dass sich die Gesellschaft als Ganzes der Bedeutung des Lesens bewusst wird und Leseanreize schafft, die alle Menschen – nicht nur die Bildungselite – ansprechen.

C. Schluss: Lesen als kulturelle Schlüsselqualifikation in der Wissensgesellschaft

Die Untersuchung und Diskussion des Artikels von Rudolf Steffens aus „forum schule" hat gezeigt, dass es nicht genügt, den Menschen elementare Fähigkeiten beim Lesen zu vermitteln. Lesen als kulturelle Schlüsselqualifikation zu verstehen bedeutet auch, die Verstehensfähigkeit zu trainieren. Der Deutschunterricht in der Schule hat dabei sicherlich eine herausragende Bedeutung, doch auch die anderen Unterrichtsfächer sind in der Verantwortung. Darüber hinaus müssen jedoch auch andere Leseangebote gemacht werden, damit das Lesen den Stellenwert erlangen kann, der ihm in unserer Gesellschaft zukommt.
Galt früher der Satz „Nicht für die Schule lernt man, sondern für das Leben", muss dieser in unseren Tagen konkretisiert werden: „Nicht für die Schule liest man, sondern für das Leben." Denn Lernen – und das bedeutet in den meisten Fällen Lesen – ist nicht mit dem Erreichen eines schulischen Abschlusses beendet. Fortbildung, Weiterbildung, lebenslanges Lernen sind heute wichtiger als je zuvor. Und nur die Fähigkeit zu lesen und das Gelesene zu verstehen, versetzt die Menschen in die Lage, mit der wissenschaftlichen, gesellschaftlichen und wirtschaftlichen Entwicklung in einer Wissensgesellschaft, die wir sein wollen, Schritt zu halten.
Über das persönliche wirtschaftliche Interesse hinaus ist Steffens' Konzeption deshalb bemerkenswert, weil wir ohne das Bewusstsein, Geschriebenes und Gedrucktes auswerten, also interpretieren zu müssen, nicht nur im Berufsleben, sondern auch im Alltag in der Informationsflut, die über uns durch oder mithilfe der neuen Medien hereinbricht, ertrinken würden.

4 Redetexte untersuchen

Aufbau und Inhalt der Rede

In diesem Abschnitt lernen Sie
Jede Rede hat einen Aufbau, der vom Verfasser der Rede bewusst gestaltet ist. Es ist also wichtig, sich mit dem Aufbau einer Rede besonders zu beschäftigen.

Aufgabe 1 | Lösungen ab S. 186
Gliedern Sie die folgende Rede in Sinnabschnitte und geben Sie den Inhalt der Sinnabschnitte wie im Beispiel gezeigt in Kürze wieder.

Der Staatssekretär Bernhard von Bülow hat diese Rede am 11. Dezember 1899 im Deutschen Reichstag vor den Abgeordneten gehalten.

In unserem neunzehnten Jahrhundert hat England sein Kolonialreich, das größte, das die Welt seit den Tagen der Römer gesehen hat, weiter und immer weiter ausgedehnt, haben die Franzosen in Nordafrika und Ostafrika festen Fuß gefasst und sich in Hinterindien ein neues Reich geschaffen, hat Russland in Asien seinen gewaltigen Siegeslauf begonnen, der es bis zum Hochplateau des Pamir und an die Küsten des Stillen Ozeans geführt hat. Vor vier Jahren hat der chinesisch-japanische Krieg, vor kaum anderthalb Jahren der spanisch-amerikanische Krieg die Dinge weiter ins Rollen gebracht, große, tiefeinschneidende, weitreichende Entscheidungen herbeigeführt, alte Reiche erschüttert, neue und ernste Fermente der Gärung in die Entwicklung getragen. […] Der englische Premierminister hatte schon vor längerer Zeit gesagt, dass die starken Staaten immer stärker und die schwachen immer schwächer werden würden. […] Wir wollen keiner fremden Macht zu nahe treten, wir wollen uns aber auch von keiner fremden Macht auf die Füße treten lassen *(Bravo!)*, und wir wollen uns von keiner fremden Macht beiseite schieben lassen, weder in politischer noch in wirtschaftlicher Beziehung. *(Lebhafter Beifall)* Es ist Zeit, es ist hohe Zeit, dass wir […] uns klar werden über die Haltung, welche wir einzunehmen haben gegenüber den Vorgängen, die sich um uns herum abspielen und vorbereiten und welche die Keime in sich tragen für

die künftige Gestaltung der Machtverhältnisse für vielleicht unabsehbare Zeit. Untätig beiseite stehen, wie wir das früher oft getan haben, entweder aus angeborener Bescheidenheit *(Heiterkeit)* oder weil wir ganz absorbiert waren durch unsere inneren Zwistigkeiten oder aus Doktrinarismus – träumend beiseite stehen, während andere Leute sich den Kuchen teilen, das können wir nicht und wollen wir nicht. *(Beifall)* Wir können das nicht aus dem einfachen Grunde, weil wir jetzt Interessen haben in allen Weltteilen [...].
Die rapide Zunahme unserer Bevölkerung, der beispiellose Aufschwung unserer Industrie, die Tüchtigkeit unserer Kaufleute, kurz, die gewaltige Vitalität des deutschen Volkes haben uns in die Weltwirtschaft verflochten und in die Weltpolitik hineingezogen. Wenn die Engländer von einem Greater Britain reden, wenn die Franzosen sprechen von einer Nouvelle France, wenn die Russen sich Asien erschließen, haben auch wir Anspruch auf ein größeres Deutschland *(Bravo! rechts, Heiterkeit links)*, nicht im Sinne der Eroberung, wohl aber im Sinne der friedlichen Ausdehnung unseres Handels und seiner Stützpunkte. [...]
Wir können nicht dulden und wollen nicht dulden, dass man zur Tagesordnung übergeht über das deutsche Volk. [...]
Es ist viel Neid gegen uns in der Welt vorhanden *(Zuruf links)*, politischer Neid und wirtschaftlicher Neid. Es gibt Individuen, und es gibt Interessengruppen, und es gibt Strömungen, und es gibt vielleicht auch Völker, die finden, dass der Deutsche bequemer war und dass der Deutsche für seine Nachbarn angenehmer war in jenen früheren Tagen, wo trotz unserer Bildung und trotz unserer Kultur die Fremden in politischer und wirtschaftlicher Hinsicht auf uns herabsahen, wie hochnäsige Kavaliere auf den bescheidenen Hauslehrer. *(Sehr richtig! – Heiterkeit)* Diese Zeiten politischer Ohnmacht und wirtschaftlicher und politischer Demut sollen nicht wiederkehren. *(Lebhaftes Bravo)* Wir wollen nicht wieder, um mit Friedrich List zu sprechen, die Knechte der Menschheit werden. Wir werden uns aber nur dann auf der Höhe erhalten, wenn wir einsehen, dass es für uns ohne Macht, ohne ein starkes Heer und eine starke Flotte keine Wohlfahrt gibt. *(Sehr richtig! rechts. Widerspruch links)* Das Mittel, meine Herren, in dieser Welt den Kampf ums Dasein durchzufechten ohne

starke Rüstung zu Lande und zu Wasser, ist für ein Volk von bald 60 Millionen, das die Mitte von Europa bewohnt und gleichzeitig seine wirtschaftlichen Fühlhörner ausstreckt nach allen Seiten, noch nicht gefunden worden. *(Sehr wahr! rechts)*

In dem kommenden Jahrhundert wird das deutsche Volk Hammer oder Amboss sein.

Historischer Hintergrund

Schon seit 1875/80 nahmen England, Frankreich und Russland scheinbar freie Gebiete in Afrika und Asien in ihren Besitz und wurden damit zu imperialistischen Großreichen. Waren anfangs noch wirtschaftliche Aspekte leitend (billige Rohstoffe, größere Absatzmärkte), traten immer mehr die ideologischen Aspekte in der Vordergrund: Ein Staat, der Weltgeltung ausstrahlen wollte, musste über Kolonien verfügen. Deutschland hatte sich unter Kanzler Bismarck (1871-1890) aus diesem Wettlauf um Kolonien herausgehalten, zum einen, weil Bismarck keine Konflikte mit den europäischen Staaten provozieren wollte, zum anderen, weil die Deutschen Schutzgebiete in Afrika – Kolonien, die von Privatleuten in Besitz genommen worden waren – Deutschlands Wirtschaft nicht voranbrachten. Als Kaiser Wilhelm II. „sein eigener Kanzler" wurde, veränderten sich die politischen Zielsetzungen. Wilhelm strebte nach Weltgeltung, das Streben nach überseeischen Gebieten war die logische Folge seiner Politik. Doch nun hatten die anderen europäischen Staaten die Welt schon unter sich aufgeteilt, Deutschlands Ansprüche kamen zu spät und stießen deshalb auf Argwohn und Widerstand.

1. Sinnabschnitt (Z. 1 – 4):

Bülow skizziert zu Beginn die außenpolitische Situation Englands, Frankreichs und Russlands. Er stellt dabei fest, dass sich die Staaten ausgedehnt, Kolonien erworben und Großreiche gebildet hätten.

2. Sinnabschnitt (Z. 5 – 16): ____________________

3. Sinnabschnitt (Z. 16 – 33): ____________________

4. Sinnabschnitt (Z. 34 – 44):

5. Sinnabschnitt (Z. 45 – 46):

6. Sinnabschnitt (Z. 47 – 60):

7. Sinnabschnitt (Z. 60 – 69):

8. Sinnabschnitt (Z. 70 – 71):

Aufbau und Inhalt der Rede

KURZINFO

Bei der Analyse eines Redetextes müssen Sie zuerst den Aufbau untersuchen und den Inhalt für sich kurz zusammenfassen.

Der Aufbau einer Rede ist vom Verfasser bewusst so gestaltet, da er

- mit dem Anfang der Rede die Zuhörer für sein Thema interessieren will,
- im Hauptteil wichtige Informationen gibt
- und im Schluss sein Redeziel besonders deutlich machen will.

Kernaussagen der Rede

In diesem Abschnitt lernen Sie

1. In jeder Rede gibt es besonders wichtige Aussagen, sogenannte Kernaussagen.
2. Diese kann man meist nicht einem Satz der Rede entnehmen, sondern man muss den Inhalt der Rede auf diese Kernaussagen hin befragen.

Aufgabe 1 | Lösungen ab S. 187

Kreuzen Sie an, ob es sich um Kernaussagen der Bülow-Rede (S. 128 f.) handelt.

	richtig	falsch
Bülow behauptet, Deutschland hätte ebenso wie England, Frankreich und Russland Interesse an überseeischen Gebieten und das Recht dazu, solche in Besitz zu nehmen.	○	○
Im neunzehnten Jahrhundert habe England sein Kolonialreich, das größte, das die Welt seit den Tagen der Römer gesehen hat, weiter und immer weiter ausgedehnt.	○	○
Um die kolonialen Ansprüche durchsetzen zu können, müsse Deutschland ein starkes Heer und eine starke Flotte besitzen.	○	○
Die rapide Zunahme der deutschen Bevölkerung, der beispiellose Aufschwung der Industrie, die Tüchtigkeit der Kaufleute, kurz, die gewaltige Vitalität des deutschen Volkes haben uns in die Weltwirtschaft verflochten und in die Weltpolitik hineingezogen.	○	○
Man dürfe nicht dulden und wolle nicht dulden, dass man zur Tagesordnung übergeht über das deutsche Volk.	○	○
Es sei viel Neid gegen Deutschland in der Welt vorhanden, politischer Neid und wirtschaftlicher Neid.	○	○

KURZINFO

Kernaussagen der Rede

Kernaussagen sind besonders wichtige Aussagen einer Rede.

Kernaussagen können nicht nur aus einem Satz abgeleitet werden.

Kernaussagen fassen größere Sinneinheiten zusammen und geben die Tendenz eines Redetextes wieder.

Stilistische und rhetorische Mittel der Rede

In diesem Abschnitt lernen Sie

1. Stilistische und rhetorische Mittel werden von den Rednern eingesetzt, um besondere Sachverhalte oder wichtige Aussagen besonders hervorzuheben.
2. Bei der Analyse von Redetexten müssen deshalb die stilistischen und rhetorischen Mittel besonders genau untersucht werden.

Aufgabe 1 | Lösungen ab S. 187
Welche stilistischen und rhetorischen Mittel setzt Bülow ein, um seine Zuhörer von der Wichtigkeit seines Anliegens und der Richtigkeit seiner Ausführungen zu überzeugen? Untersuchen Sie den folgenden Ausschnitt aus der Rede und unterstreichen Sie die sprachlichen Mittel, die Ihnen auffallen.

| Text 1
Der englische Premierminister hatte schon vor längerer Zeit gesagt, dass die starken Staaten immer stärker und die schwachen immer schwächer werden würden. [...] Wir wollen keiner fremden Macht zu nahe treten, wir wollen uns aber auch von keiner fremden Macht auf die Füße treten lassen *(Bravo!)*, und wir wollen uns von keiner fremden Macht beiseite schieben lassen, weder in politischer noch in wirtschaftlicher Beziehung. *(Lebhafter Beifall)* Es ist Zeit, es ist hohe Zeit, dass wir [...] uns klar werden über die Haltung, welche wir einzunehmen haben gegenüber den Vorgängen, die sich um uns herum abspielen und vorbereiten und welche die Keime in sich tragen für die künftige Gestaltung der Machtverhältnisse für vielleicht unabsehbare Zeit. Untätig beiseite stehen, wie wir das früher oft getan haben, entweder aus angeborener Bescheidenheit *(Heiterkeit)* oder weil wir ganz absorbiert waren durch unsere inneren Zwistigkeiten oder aus Doktrinarismus – träumend beiseite stehen, während andere Leute sich den Kuchen teilen, das können wir nicht und wollen wir nicht. *(Beifall)* Wir können das nicht aus dem einfachen Grunde, weil wir jetzt Interessen haben in allen Weltteilen [...].

Aufgabe 2
Listen Sie die sprachlichen Mittel, die Ihnen aufgefallen sind, auf und beschreiben Sie ihre Wirkung auf die Zuhörer.

Aufgabe 3

Untersuchen Sie nun den gesamten Redetext und geben Sie (mit Textbeispielen) an, in welchen Zeilen Sie die folgenden stilistischen Mittel finden:

- Anaphern:
- sprachliche Bilder:
- Parallelismen:

• Wiederholungen:

• klimaktische Reihungen:

• bedeutungsschwere Adjektive und Substantive:

• Inversionen:

Stilistische und rhetorische Mittel der Rede

KURZINFO

Um ihrer Rede Geltung zu verleihen und um damit ihr Redeziel zu erreichen, setzen Redner stilistische und rhetorische Mittel ein.

Diese müssen Sie kennen und besonders genau untersuchen, um die Redeabsicht herausarbeiten zu können.

Wichtige sprachliche Mittel sind z. B. Anapher, Bild, Parallelismus, Wiederholung, Klimax und Inversion.

Analyse des Redeziels

In diesem Abschnitt lernen Sie

1. Jeder Redner verfolgt mit seiner Rede eine Absicht, ein Ziel.
2. Um dieses Ziel zu erreichen, wendet er verschiedene Techniken an, die man kennen muss, um sie durchschauen zu können.

Aufgabe 1 | Lösungen ab S. 188

Folgende Techniken verwendet Bülow in seiner Rede (S. 128 f.). Finden Sie diese Techniken heraus und notieren Sie die entsprechenden Textzitate unten mit Angabe der Zeile, in der sie sich befinden.

- Übertreibung: ______________________________

____

____

____

____

- Betonung zur Hervorhebung wichtiger Aspekte: ______________________________

____

____

____

____

- Verdrehung eines Sachverhalts bzw. Wiedergabe eines Zitats in einem veränderten Kontext: ______________________________

____

____

____

____

____

- Aufwertung:

- Verschleierung von Sachverhalten und Prognosen:

- Wir-Gefühl durch Einbeziehung der Zuhörer:

- Anrede der Zuhörer:

- Behauptung als Gemeinplatz:

Aufgabe 2

Die Tabelle nennt weitere Überredungstechniken. Ordnen Sie die Erläuterungen den Begriffen richtig zu.

Überredungstechniken	
1 Ablenkungsmanöver	a Der Redner attackiert seinen Gegner persönlich.
2 Abwertung	b Der Redner wertet andere Positionen oder mögliche Gegenargumente meist schon im Vorfeld ab.
3 ad personam-Sprechen	c Der Redner appelliert an die ethischen Grundlagen seiner Zuhörer.
4 bewusste Täuschung	d Der Redner äußert sich zu Sachverhalten, die für die Aussage der Rede unerheblich sind.
5 Erzeugen eines Wir-Gefühls	e Der Redner gebraucht (unsachliche) Verallgemeinerungen.
6 ethische Argumentation	f Der Redner appelliert an die Gefühle seiner Zuhörer und versucht sie damit für sich und seine Sache zu gewinnen.
7 Gefühlsappell	g Der Redner versucht die Zuhörer für sich zu gewinnen, indem er ihnen schmeichelt.
8 Gemeinplatz	h Der Redner macht falsche Angaben oder wertet objektive Sachverhalte bewusst in seinem Sinn (z. B. Auslegung einer Statistik).
9 Isolierung des Gegners	i Der Redner stempelt seinen Gegner zum Außenseiter.
10 Pauschalisierung	j Der Redner flüchtet sich in allgemeine Aussagen, weil ihm die Argumente fehlen oder gegen seine Position sprechen würden.
11 Scheinargument	k Der Redner gebraucht ein Argument, das scheinbar überzeugend und unwiderlegbar klingt (ohne es jedoch zu sein), um sein Gegenüber zum Schweigen zu bringen.
12 Schmeichelei	l Der Redner verschweigt Wichtiges, weil es seine Position schwächen würde.
13 Tabuisierung	m Der Redner hebt einen Sachverhalt besonders hervor, der seiner Argumentation nützt, objektiv gesehen aber unwichtig oder im falschen Kontext wiedergegeben ist.
14 „Totschlag"-Argument (Killer-Argument)	n Der Redner bezieht die Zuhörer so in seine Rede ein, dass sie keine Gegenargumente formulieren wollen.

Lösung: 1 = ☐ 2 = ☐ 3 = ☐ 4 = ☐ 5 = ☐ 6 = ☐ 7 = ☐

8 = ☐ 9 = ☐ 10 = ☐ 11 = ☐ 12 = ☐ 13 = ☐ 14 = ☐

Aufgabe 3

Auch redlich argumentierende Redner müssen ihre Zuhörer überzeugen. Sie tun dies mit den Mitteln der **Argumentation**.

Ordnen Sie die Erläuterungen den Begriffen der Argumentationstechniken richtig zu.

Argumentationstechniken	
1 ad rem-Sprechen	a Der Redner führt seine Argumente in sachlicher Sprache aus. Er vermeidet gefühlsbezogene Appelle, ein übertriebenes Wir-Gefühl usw.
2 Anführen von (direkten oder indirekten) Zitaten	b Der Redner spricht stets zur Sache und enthält sich möglicher Ausfälle gegenüber persönlichen Feinden.
3 Nennung von Zeugen oder Gewährsleuten	c Der Redner verdeutlicht seine Anschauung durch Beispiele, Verweis auf Sachverhalte, Zahlenmaterial usw.
4 Veranschaulichung	d Der Redner macht klar, dass man seinen Ausführungen vertrauen kann.
5 Verwendung von Sachsprache	e Der Redner beruft sich auf Experten.

Lösung: 1 = ☐ 2 = ☐ 3 = ☐ 4 = ☐ 5 = ☐

Analyse des Redeziels

KURZINFO

Bei der Untersuchung einer Rede müssen Sie stets die Absicht des Redners herausarbeiten:

- Will er die Zuhörer von seinem Standpunkt **überzeugen** und liefert er dazu **begründete Argumente**?
- Oder will er sie **manipulieren** und durch **Scheinargumente** auf seine Seite ziehen?
- **Appelliert** er womöglich nur an die **Gefühle** der Zuhörer?

Um das Redeziel bestimmen zu können, müssen Sie die Überredungs- und Argumentationstechniken kennen.

Zusammenfassung einer Rede

In diesem Abschnitt lernen Sie

1. Nach der genauen Analyse einer Rede müssen Sie diese zusammenfassen.
2. Dazu schreiben Sie einen kurzen Text, in dem Sie auf den Inhalt der Rede, das Ziel der Rede sowie auf wichtige sprachliche Mittel eingehen.

Aufgabe 1 | Lösungen ab S. 189

Ergänzen Sie die Zusammenfassung der Rede Bülows (S. 128 f.) mit Hilfe der Textbausteine.

nicht neutral – den Erwerb von Kolonialgebieten in Übersee – für einen konfliktreichen Kampf – nicht belegt und damit nicht objektiv nachvollziehbar – hervorgehobene Stellung Deutschlands – Appellcharakter – manipulativen Charakter – Zahlen oder Fakten – Anspruch Deutschlands auf Weltgeltung

| Text 1

Der Staatssekretär im Auswärtigen Amt, Bernhard von Bülow, hat am 11. Dezember 1899 im Deutschen Reichstag eine Rede zur Stellung Deutschlands in der Welt gehalten. Er bekräftigt darin den ______________________________ .

______________________________ Bülow will das deutsche Volk, an das sich diese Rede richtet, bereit machen ______________________________

______________________________ um Gebiete in Afrika und Asien.

Er betont deshalb die ______________________________ als politische und wirtschaftliche Macht und wertet die unnachgiebige Haltung des Auslands dagegen ab.

Bülows Aussagen sind ______________________________; er argumentiert aus deutscher Sicht.

Zudem finden sich in diesem Text viele Behauptungen, die ______________________________

______________________________ sind.

Bülows Aussagen sind weitgehend subjektiv gefärbt, haben ______________________________ und waren schon unter den Abgeordneten umstritten, wie die Zurufe zeigen.

Bülows Ziel ist es, durch seine Reichstagsrede die Abgeordneten und das deutsche Volk auf die politische Zielsetzung der kommenden Jahre, ________________________________

____, einzustimmen.

Bülow argumentiert dabei nicht rational, er nennt keine ________________________

______________________________, die dieses Unternehmen begründen könnten, er argumentiert lediglich anhand ideologischer Kriterien. Dabei setzt er zur Manipulation der Zuhörer stilistische Mittel ein: Anaphern und Bilder, Inversionen und Parallelismen, Wiederholungen und klimaktische Reihungen usw. Auch die verwendeten rhetorischen Mittel (z. B. Übertreibung, Verdrehung, Aufwertung, Verschleierung usw.) dienen nicht der Überzeugung, sondern haben ____.

Zusammenfassung einer Rede

Bei der Zusammenfassung eines Redetextes sollten Sie beachten:

- Geben Sie zuerst den Inhalt knapp und sachlich wieder.
- Nennen Sie dann das Ziel der Rede; sichern Sie Ihre Einschätzung ab, indem Sie auf wichtige sprachliche Mittel eingehen.

KURZINFO

Checkliste: Redetexte untersuchen

Redesituation:
- Was ist der Anlass für die Rede? Was sind die Umstände, unter denen sie gehalten wird (handelt es sich z. B. um eine Festrede, Trauerrede, Wahlrede)?
- Gibt es besondere historische Hintergründe?
- Wer hält die Rede? Welche Funktion, Stellung, Rolle hat der Redner?
- Wer sind die Adressaten? Was erwarten sie wohl?

Inhalt der Rede:
- Wovon handelt die Rede? Was ist das Thema?
- Wie ist die gedankliche Gliederung der Rede?

Absichten und Interessen des Autors:
- Welches Anliegen verfolgt der Redner? Will er informieren, beeinflussen, überreden/Zustimmung erheischen, kritisieren, sich rechtfertigen?
- Stellt der Redner die Sache, über die er spricht, oder seine Person in den Mittelpunkt?

Argumentationsweise:
- Argumentiert der Redner objektiv oder verschleiert er seine wahren Absichten?
- Argumentiert er sachlich, assoziativ, scheinlogisch, unstimmig, einseitig? Welche Argumentationsform ist vorherrschend?
- Welche psychologischen Tricks wendet der Redner an? Schmeichelt er den Zuhörern, indem er sich z. B. auf ihr Vorwissen bezieht, appelliert er an das Sicherheitsbedürfnis der Zuhörer, solidarisiert er sich mit ihnen usw.?
- Stimmen die zugrunde gelegten Prämissen?
- Sind die Schlussfolgerungen nachvollziehbar?
- Sind die Beispiele zentral, passen sie zur These?
- Wertet er seine eigene Position auf? Wertet er die gegnerische Position ab?

Rhetorische Mittel:
- Welche auffälligen rhetorisch-stilistischen Mittel zeigt die Rede? Wie unterstützen sie die Kernaussage?
- Gibt es auffällige Fremdwörter, fachsprachliche Wendungen oder Wortneuschöpfungen? In welchem Kontext werden sie gebraucht? Was bedeuten sie?
- Gibt es Schlüsselbegriffe, die helfen, die Rede zu verstehen?
- Wie ist der Stil der Rede? Welches Publikum wird angesprochen?

Wirkung der Rede:
- Wie wirkt die Rede auf den unbefangenen Zuhörer? Wie wirkt sie auf jemanden, der vom Thema der Rede gute Kenntnisse hat?
- Was sagt die Rede in Bezug auf die Glaubwürdigkeit des Redners aus?

Musterklausur Rede: Günter Grass, Der Traum der Vernunft

Rede zur Eröffnung der Veranstaltungsreihe „Vom Elend der Aufklärung" in der Akademie der Künste, Berlin 1984

Goya: Der Traum der Vernunft erzeugt Ungeheuer

Meine Damen und Herren, bevor Voltaire, Rousseau und Diderot einander widersprechen und eine Epoche ausschreiten, deren verwirrte Nachfahren wir sind, soll eine Grafik vorgestellt werden, deren Emblematik Spekulationen zuläßt. Die Unterschrift „Der Traum der Vernunft erzeugt Ungeheuer" hat Goya einer Aquatinta-Radierung beigegeben, die einen über seinem Schreibwerkzeug schlafenden Mann zeigt, hinter dem Nachtgetier, Eulen und Fledermäuse flattern und ein Raubtier lagert: fast Luchs, noch Katze.

Doch da das spanische Wort für Traum auch Schlaf bedeuten kann, könnte der Untertitel des beängstigenden Bildes auch heißen: „Der Schlaf der Vernunft erzeugt Ungeheuer." Und schon ist der Streit entfesselt, tritt das Elend der Aufklärung zutage, sind wir beim Thema.

Zweierlei Tätigkeit wird bildhaft der Vernunft unterstellt: Indem sie träumt, gebiert sie Ungeheuer, ihre Träume sind Ungeheuer oder: weil die Vernunft schläft, ist den nächtlichen Ungeheuern Freiraum gegeben, macht sich Unvernunft breit, wird das mühsame Werk der Aufklärung überschattet, mit Dunkelheit überzogen, zunichte.

Die erste Deutung spricht für sich: Die Vernunft, des Menschen besondere, ihn auszeichnende Gabe, ist gleichwohl fähig, sobald sie träumt, Ungeheuer, sprich, erschreckende Visionen und Utopien als Schreckensherrschaften zu entwerfen. Vergangenheit und Gegenwart bestätigen diese Deutung, denn alle bis heute wirksamen Ideologieentwürfe sind Träume aufklärender Vernunft und haben – hier als Verelendung produzierender

Kapitalismus, dort als mit Zwang herrschender Kommunismus – ihre Ungeheuerlichkeit bewiesen.

Die zweite Deutung wirft Fragen auf, die, sobald sie beantwortet werden, neue Fragen hecken. Etwa: Darf die Vernunft, weil sie schlafend den Ungeheuern, also dem Irrationalismus das Feld überläßt, niemals schlafen? Natürlich nicht, sagen wir. Wo kommen wir hin, wenn die Vernunft schläft. Nie wieder darf die Vernunft schlafen, darf uns die Vernunft einschlafen. Wehret den Anfängen! Nicht einmal ermüdet blinzeln darf sie. Eine allzeit wache Vernunft fordern wir als gebrannte Kinder einer Epoche, in der die Vernunft schlief und das Ungeheuer, Faschismus genannt, geboren wurde.

Dennoch gibt die Gegenfrage nicht Ruhe: Was ist das für eine Vernunft, die nicht schlafen, den Traum nicht zulassen darf? Ist diese immerwache Vernunft nicht gleichfalls schrecklich und tagheller Ungeheuerlichkeiten fähig? Wird diese Vernunft, die aufklären, erhellen, erleuchten soll, nicht letzten Endes – und schon tut sie es – uns alle durchleuchten, durchsichtig, gläsern, erfaßbar machen, auf daß wir ohne Geheimnis und Nachtseite sind? Hat diese überwache, sich wissenschaftlich nennende Vernunft den vormals weitgefaßten Begriff von Fortschritt auf technisches Maß, auf einzig das technisch Machbare reduziert? Eine Vernunft, die nicht schlafen darf, die mittlerweile, selbst wenn sie schlafen wollte, Schlaf nicht mehr fände, eine schlaflose Vernunft gibt kaltes Licht und macht frösteln; dabei wären Träume vonnöten, Nachtflüge der Einbildungskraft und Märchen, aus deren Getier – Fledermaus, Eule und Luchs – gleichwohl Vernunft spräche. […]

Leicht zu durchschauen ist das, jedoch in eigener Sache befragt, weiß ich nicht ein noch aus. Nicht meiner Neigung nach, pflichtschuldig nur ging ich der Aufklärung, hier Spanndienste, dort Räumarbeit leistend, ins Geschirr; gleichwohl wußte ich früh, daß ihr Begriff von Vernunft mir zu kalt, ihre Moral mir zu selbstgerecht ist. Warum zum Teufel, fragte ich mich, muß Aufklärung so langweilig sein? Immer weiß sie, wohin die Reise zu gehen hat. Immer sind ihr die Lernziele bekannt. Selbst meine Undeutlichkeiten, die mir lieb sind, will sie ausleuchten. Fortwährend mahnt sie mich, meinem Chaos Zäune zu setzen. Immer besser, sozialer, gerechter, wissender, aufgeklärter zu werden, schreibt sie mir vor. Die Diktatur der Toleranz ist sie, die Tyrannei der Tugend. Ich will aber einer Aufklärung dienen, die Lust bereitet und Auslauf gewährt, die farbig ist und Kleckse

erlaubt, die mir nicht weismachen will, daß die Aufklärung des Spießers zum aufgeklärten Spießer Fortschritt bedeutet. Ich, ihr Untertan, will, daß ihre herrschende, überall vorherrschende Vernunft endlich Untertan der geschundenen Natur wird. Aber kommt dieser Wunschzettel nicht zu spät? Ist nicht schon Ladenschluß, Feierabend? Ist der Versuch, das Elend der Aufklärung einzuklagen, nicht ein Beleg mehr für den weltweit fälligen Schlußbericht: Vom Ende des Menschengeschlechts? Das Fortschreiben der Aufklärung setzt Zukunft voraus. Selbst wenn sich Kraft fände, ihren vernutzten Zustand wieder aufzuputzen, ihr Elend zu schmälern, bliebe dennoch die Zukunft in weiten Bereichen von Zerstörungsprozessen besetzt, die allesamt vernunftbestimmt sind. Annähernd aufgezehrt oder ruiniert ist die Zukunft: ein Abschreibeprojekt.
Dabei war viel Hoffnung im Spiel, als vor mehr als zweihundertfünfzig Jahren die Aufklärer fleißig wurden und mit dem Talglicht Vernunft gegen Pfaffen und sonstige Dunkelmänner antraten.
Es hieß: Wenn man das Menschengeschlecht vom Aberglauben befreie, es richtig erziehe, ihm den Blitzableiter schenke, es fortschreitend durch Elektrifizierung erleuchte und obendrein lehre, richtig die Zähne zu putzen, werde ein neues, verbessertes, Tag und Nacht lesendes, kurzum, ein vom Aberglauben befreites und zwangsläufig gesundes Menschengeschlecht dem ewigen Frieden und der allumfassenden Gerechtigkeit nahe sein.
Diese Hoffnung trog, wie wir wissen; oder sie ging pragmatischer auf als gedacht. Weder hat die Elektrifizierung den Menschen verbessert, noch wird das Kabelfernsehen ihn frei und mündig machen. Dem neuen, diesmal technischen Aberglauben anhängend, trat, nach wechselnder Mode gekleidet, der alte Adam hervor; eher ist er grausamer, gewiß zynischer und – weil mit Hilfe des technischen Fortschritts besser instrumentiert – gründlicher geworden, sobald sein Hang zur Zerstörung freigesetzt wird.
Natürlich tritt dieser neue, aufgeklärte alte Adam nicht nur als menschliche Bestie auf; immerhin ist er halbwegs demokratischer, bei Sonntagslaune toleranter, beim Aufteilen der Zuwächse und des Raubbaus sozialer, wenn nicht klüger, so doch schlauer und – statistisch gewertet – langlebiger geworden. Soll das die Ausbeute der Aufklärung sein? War mehr nicht drin?

Aufgabenstellung

Erschließen und interpretieren Sie die Rede „Der Traum der Vernunft" von Günter Grass. Gehen Sie dabei auf den Inhalt, die Redeabsicht und die verwendeten rhetorischen Mittel ein.

Checkliste für die Analyse der Rede:

- **Lesen** Sie die vorliegende Rede mindestens **zweimal**.
- Überlegen Sie zuerst, **worum es in dieser Rede geht**.
- Überlegen Sie weiter, was Günter Grass mit seiner Rede **aussagen** bzw. **bewirken will**.
- Sie werden feststellen, dass Grass den Ideen der Aufklärung **grundsätzlich positiv** gegenüber steht, dass er aber **kritisiert**, wie diese Ideen in den letzten 250 Jahren umgesetzt wurden.

Untersuchung des Redetextes

Inhalt	Text	Sprache
1. Sinnabschnitt: Hinführung zum Thema der Rede	**Meine Damen und Herren**, bevor **Voltaire**, **Rousseau** und **Diderot** einander widersprechen und eine Epoche ausschreiten, deren verwirrte Nachfahren **wir** sind, soll eine Grafik vorgestellt werden, deren Emblematik Spekulationen zuläßt. Die Unterschrift „Der Traum der Vernunft erzeugt Ungeheuer" hat Goya einer Aquatinta-Radierung beigegeben, die einen über seinem Schreibwerkzeug schlafenden Mann zeigt, hinter dem **Nachtgetier, Eulen und Fledermäuse** flattern und ein Raubtier lagert: fast Luchs, noch Katze.	persönliche Anrede Aufzählung (Dreier-Reihe), Bezug auf Autoritäten Einbeziehung der Zuhörer Aufzählung (Dreier-Reihe)
2. Sinnabschnitt: Andere Übersetzungsmöglichkeit	Doch da das spanische Wort für Traum auch Schlaf bedeuten kann, könnte der Untertitel des beängstigenden Bildes auch heißen: „Der Schlaf der Vernunft erzeugt Ungeheuer." **Und schon ist der Streit entfesselt, tritt das Elend der Aufklärung zutage, sind <u>wir</u> beim Thema.**	Satzreihe Einbeziehung der Zuhörer
3. Sinnabschnitt: Vergleich der beiden Übersetzungsvarianten	Zweierlei Tätigkeit wird bildhaft der Vernunft unterstellt: **Indem** sie träumt, gebiert sie Ungeheuer, ihre Träume sind Ungeheuer oder: **weil** die Vernunft schläft, **ist den nächtlichen Ungeheuern Freiraum gegeben, macht sich Unvernunft breit, wird das mühsame Werk der Aufklärung überschattet, mit Dunkelheit überzogen, zunichte.**	modale Verknüpfung kausale Verknüpfung Reihung

Inhalt	Text	Sprache
4. Sinnabschnitt: Erläuterung der Titelvariante „Der Traum der Vernunft erzeugt Ungeheuer“	Die erste Deutung spricht für sich: Die Vernunft, des Menschen besondere, ihn auszeichnende Gabe, ist gleichwohl fähig, sobald sie träumt, Ungeheuer, sprich, **erschreckende Visionen und Utopien als Schreckensherrschaften** zu entwerfen. Vergangenheit und Gegenwart bestätigen diese Deutung, denn alle bis heute wirksamen Ideologieentwürfe sind Träume aufklärender Vernunft und haben – hier als **Verelendung produzierender Kapitalismus**, dort als **mit Zwang herrschender Kommunismus** – ihre Ungeheuerlichkeit bewiesen.	Konkretisierung Gegensatzpaar
5. Sinnabschnitt: Erläuterung der Titelvariante „Der Schlaf der Vernunft erzeugt Ungeheuer“	Die zweite Deutung wirft Fragen auf, die, sobald sie beantwortet werden, neue Fragen hecken. Etwa: **Darf die Vernunft**, weil sie schlafend den Ungeheuern, **also dem Irrationalismus** das Feld überläßt, **niemals schlafen?** **Natürlich nicht, sagen wir. Wo kommen wir hin, wenn die Vernunft schläft. Nie wieder darf die Vernunft schlafen, darf uns die Vernunft einschlafen. Wehret den Anfängen!** Nicht einmal ermüdet blinzeln darf sie. Eine allzeit wache Vernunft fordern wir als **gebrannte Kinder** einer Epoche, in der die Vernunft schlief und das Ungeheuer, Faschismus genannt, geboren wurde.	rhetorische Frage Personifizierung Konkretisierung Dialogisierung bildhafte Wendung
6. Sinnabschnitt: negative Folgen des Vernunftgebrauchs Kernaussage	Dennoch gibt die Gegenfrage nicht Ruhe: **Was ist das für eine Vernunft, die nicht schlafen, den Traum nicht zulassen darf?** Ist diese **immerwache Vernunft** nicht gleichfalls schrecklich und tagheller Ungeheuerlichkeiten fähig? Wird diese Vernunft, die **aufklären, erhellen, erleuchten** soll, nicht letzten Endes – und schon tut sie es – uns alle **durchleuchten, durchsichtig, gläsern, erfaßbar machen**, auf daß wir ohne Geheimnis und Nachtseite sind? **Hat diese überwache, sich wissenschaftlich nennende Vernunft den vormals weitgefaßten Begriff von Fortschritt auf technisches Maß, auf einzig das technisch Machbare reduziert?** Eine Vernunft, die nicht schlafen darf, die mittlerweile, selbst wenn sie schlafen wollte, Schlaf nicht mehr fände, **eine schlaflose Vernunft gibt kaltes Licht** und macht frösteln; dabei wären Träume vonnöten, **Nachtflüge der Einbildungskraft** und Märchen, aus deren Getier – **Fledermaus, Eule und Luchs** – gleichwohl Vernunft spräche. […]	Satzreihe Personifizierung Dreier-Reihung Vierer-Reihung (Dreier-Reihung, Vierer-Reihung → Klimax) Bild bildhafte Wendung Aufzählung (Dreier-Reihe)

Inhalt	Text	Sprache
7. Sinnabschnitt: Grass' persönlicher Zugang zum Thema Kernaussage	Leicht zu durchschauen ist das, jedoch in eigener Sache befragt, **weiß ich nicht ein noch aus**. Nicht meiner Neigung nach, pflichtschuldig nur ging ich der Aufklärung, **hier Spanndienste, dort Räumarbeit leistend**, ins Geschirr; gleichwohl wußte ich früh, daß ihr Begriff von Vernunft mir zu kalt, ihre Moral mir zu selbstgerecht ist. Warum **zum Teufel**, fragte ich mich, muß Aufklärung so langweilig sein? Immer weiß sie, wohin die Reise zu gehen hat. Immer sind ihr die Lernziele bekannt. Selbst meine Undeutlichkeiten, **die mir lieb sind**, will sie ausleuchten. Fortwährend mahnt sie mich, meinem Chaos Zäune zu setzen. Immer **besser, sozialer, gerechter, wissender, aufgeklärter** zu werden, schreibt sie mir vor. Die Diktatur der **Toleranz** ist sie, die **Tyrannei der Tugend**. Ich will aber einer Aufklärung dienen, **die Lust bereitet** und **Auslauf gewährt**, **die farbig ist** und **Kleckse erlaubt**, die mir nicht weismachen will, daß die **Aufklärung des Spießers zum aufgeklärten Spießer** Fortschritt bedeutet. **Ich, ihr Untertan, will, daß ihre herrschende, überall vorherrschende Vernunft endlich Untertan der geschundenen Natur wird.**	persönliche Wendung = persönlicher Bezug bildhafte Wendung umgangssprachliche Wendung persönliche Wendung Fünfer-Reihung, Klimax Alliteration Bilder Figura etymologica
8. Sinnabschnitt: Befürchtung, diese Betrachtungen kämen zu spät	Aber kommt dieser **Wunschzettel** nicht zu spät? Ist nicht schon **Ladenschluß**, **Feierabend**? Ist der Versuch, das Elend der Aufklärung einzuklagen, nicht ein Beleg mehr für den weltweit fälligen Schlußbericht: **Vom Ende des Menschengeschlechts?** Das Fortschreiben der Aufklärung setzt Zukunft voraus. Selbst wenn sich Kraft fände, ihren vernutzten Zustand wieder **aufzuputzen**, ihr Elend zu schmälern, bliebe dennoch die Zukunft in weiten Bereichen von Zerstörungsprozessen besetzt, die allesamt vernunftbestimmt sind. Annähernd aufgezehrt oder ruiniert ist die Zukunft: ein Abschreibeprojekt.	bildhafte Wendung umgangssprachliche Wendung, Konkretisierung Ellipse umgangssprachlich

Inhalt	Text	Sprache
9. Sinnabschnitt: Die Fortschrittsutopie zu Beginn der Aufklärungsbewegung	Dabei war viel Hoffnung im Spiel, als vor mehr als zweihundertfünfzig Jahren **die Aufklärer fleißig wurden und mit dem Talglicht Vernunft gegen Pfaffen und sonstige Dunkelmänner antraten.** Es hieß: Wenn man das Menschengeschlecht vom Aberglauben befreie, es richtig erziehe, ihm den Blitzableiter schenke, es fortschreitend durch Elektrifizierung erleuchte und obendrein lehre, **richtig die Zähne zu putzen**, werde ein neues, verbessertes, Tag und Nacht lesendes, kurzum, ein vom Aberglauben befreites und zwangsläufig gesundes **Menschengeschlecht** dem ewigen Frieden und der allumfassenden Gerechtigkeit nahe sein.	bildhafte Wendung triviales Beispiel Archaismus (Begriff aus dem 18. Jh.)
10. Sinnabschnitt: Die Realität der Aufklärung	Diese Hoffnung trog, wie wir wissen; oder sie ging pragmatischer auf als gedacht. Weder hat die Elektrifizierung den Menschen verbessert, noch wird das Kabelfernsehen ihn frei und mündig machen. Dem neuen, diesmal technischen Aberglauben anhängend, trat, nach wechselnder Mode gekleidet, der **alte Adam** hervor; eher ist er grausamer, gewiß zynischer und – weil mit Hilfe des technischen Fortschritts besser instrumentiert – gründlicher geworden, sobald sein Hang zur Zerstörung freigesetzt wird.	Allegorie
11. Sinnabschnitt: Die geringen Erfolge der Aufklärungsbewegungen	Natürlich tritt dieser neue, aufgeklärte **alte Adam** nicht nur als menschliche Bestie auf; immerhin ist er halbwegs demokratischer, bei Sonntagslaune toleranter, beim Aufteilen der Zuwächse und des Raubbaus sozialer, wenn nicht klüger, so doch schlauer und – statistisch gewertet – langlebiger geworden. **Soll das die Ausbeute der Aufklärung sein? War mehr nicht drin?**	Allegorie rhetorische Fragen

Ergebnisse der Textanalyse

Zu Inhalt und Aufbau:

- Grass beschäftigt sich in seiner Rede mit der philosophischen Bewegung der **Aufklärung** und den **Ergebnissen**, die sie hervorgebracht hat.
- Ausgehend von der Radierung Goyas behandelt er die verschiedenen Übersetzungsvarianten **„Traum der Vernunft"** und **„Schlaf der Vernunft"** und thematisiert diese. Er kommt dabei zu dem Ergebnis, dass keine der beiden Möglichkeiten seine Vorstellung von Aufklärung erfüllt.
- Grass beklagt, dass die Aufklärung, so wie sie praktiziert wird, keinen Platz für **individuelle Träume und Fantasien** lassen würde.
- Die **Kernsätze** der Rede lauten: „Hat diese überwache, sich wissenschaftlich nennende Vernunft den vormals weitgefaßten Begriff von Fortschritt auf technisches Maß, auf einzig das technisch Machbare reduziert?" (Z. 55 ff.) und „Ich, ihr Untertan, will, dass ihre herrschende, überall vorherrschende Vernunft endlich Untertan der geschundenen Vernunft wird." (Z. 79 ff.).
- Die Rede ist in **elf Sinnabschnitte** gegliedert.

Zu den stilistischen und rhetorischen Mitteln:

- Der Text ist überwiegend in **Hochsprache** und in einem **argumentativen Stil** gehalten. An manchen Stellen weicht Grass davon jedoch ab und benützt **umgangssprachliche Wendungen, Inversionen, Übertreibungen, bildhafte Wendungen, Synonyme, rhetorische Fragen** usw.
- Auffällig ist die **Einbeziehung der Zuhörerschaft** durch die **direkte Anrede** und die Erzeugung eines **Wir-Gefühls**.
- Grass gibt auch **persönliche Bekenntnisse** ab, die zeigen, dass ihm das Thema seiner Rede selbst wichtig ist.

Zur Redeabsicht:

- Grass hat diese Rede 1984 zur Eröffnung der Veranstaltungsreihe „Vom Elend der Aufklärung" in der Akademie der Künste in Berlin gehalten. Der Redeanlass zeigt – ebenso wie die Rede selbst –, dass Grass zur Aufklärungsbewegung eine **intensive Beziehung** hat.
- In seiner Rede macht er aber deutlich, dass er die Entwicklung der Aufklärung in den letzten 250 Jahren nicht rückhaltlos billigt. Grass kritisiert z. B. die Orientierung aufgeklärten Denkens am technisch Machbaren. Er will die **Zuhörer anregen, darüber nachzudenken, welche anderen Ziele der Aufklärung bis jetzt nicht eingelöst sind.**

Ausformulierte Lösung

A. Die Aufklärung als wichtige Epoche in Europa

B. Erschließung und Interpretation der Rede „Der Traum der Vernunft" von Günter Grass
- I. Erschließung der Rede
  1. Wiedergabe des Inhalts nach Sinnabschnitten
  2. Kernaussagen
  3. Auffällige stilistische und rhetorische Mittel
     a. Sprachstil
     b. Wortwahl
     c. Stilmittel
     d. Rhetorische Mittel
- II. Interpretation der Rede
  1. Redeanlass und Publikum
  2. Kritik am „Schlaf der Vernunft"
  3. Kritik am „Traum der Vernunft"
  4. Kritik an den Ergebnissen der Aufklärung
  5. Defizite der Aufklärung

C. Technischer Fortschritt und Zerstörung der Natur als weltweite Phänomene

A. Einleitung: Die Aufklärung als wichtige Epoche in Europa

Die Aufklärung war eine wichtige Kulturepoche in Europa, die man gewöhnlich im 18. Jahrhundert ansetzt. Philosophen, Schriftsteller, Künstler aller Sparten waren von den Gedanken der Freiheit des Individuums, seiner Unabhängigkeit von kirchlichen Gewalten und von der Überzeugung, die Menschen durch Bildung bessern zu können, beeinflusst. Der Philosoph Leibniz sprach gar von der „besten aller Welten".

Die Aufklärung bedeutet also eine Zäsur im abendländischen Denken, das bis zum 18. Jahrhundert insbesondere vom christlichen Gedankengut geprägt war. Die Aufklärung hatte jedoch nicht nur die Gedankenwelt der Philosophen und der Künstler umgestürzt, auch die politische Entwicklung, angefangen von der Französischen Revolution und der Neuordnung Europas unter Napoleon bis hin zur Einführung von Verfassungen in den meisten europäischen Staaten, konnte nicht mehr dauerhaft umgekehrt werden; alle nachfolgenden Epochen sind von den Gedanken der Aufklärung geprägt.

B. Hauptteil: Erschließung und Interpretation der Rede „Der Traum der Vernunft" von Günter Grass

In der vorliegenden Rede „Der Traum der Vernunft" beschäftigt sich Günter Grass anlässlich der Eröffnung der Veranstaltungsreihe „Vom Elend der Aufklärung" der Berliner Akademie der Künste mit der Bedeutung der Aufklärung für die nachfolgenden Jahrhunderte.

I. Erschließung der Rede

1. Wiedergabe des Inhalts nach Sinnabschnitten

Die Rede von Günter Grass ist in elf Sinnabschnitte gegliedert.

- Im ersten Teil seiner Rede (Z. 1–13) führt Grass mit Hilfe des Bildes von Francisco de Goya „Der Traum der Vernunft erzeugt Ungeheuer" zum Thema seiner Rede hin.
- Im zweiten Sinnabschnitt (Z. 14–20) geht Grass auf den Bildtitel ein und stellt eine andere Übersetzungsvariante vor: Statt „Der Traum der Vernunft erzeugt Ungeheuer" könne das Bild auch mit „Der Schlaf der Vernunft erzeugt Ungeheuer" überschrieben werden.
- Im dritten Sinnabschnitt (Z. 21–28) verdeutlicht Grass den Unterschied der beiden Übersetzungsvarianten. Die eine Übersetzungsvariante will modal verstanden werden: „Indem die Vernunft träumt, gebiert sie Ungeheuer" (Z. 22 ff.) – die Ungeheuer entspringen also dem Traum, sind Teil der Vernunft. Die andere Variante stellt eine kausale Verknüpfung her: „Weil die Vernunft schläft, ist den nächtlichen Ungeheuern Freiraum gegeben" (Z. 24 ff.). In diesem Fall existieren diese „Ungeheuer" trotz des Vorhandenseins der Vernunft, erscheinen aber nur, wenn diese untätig ist.
- Im vierten Sinnabschnitt (Z. 29–37) setzt sich Grass mit der Bedeutung der ersten Titelvariante auseinander. Er macht eine träumende Vernunft verantwortlich für die beiden großen Ideologieentwürfe, Kapitalismus und Kommunismus.
- Im fünften Sinnabschnitt (Z. 38–47) setzt sich Grass mit der zweiten Titelvariante auseinander und fragt, ob die Vernunft nicht schlafen dürfe, ohne dass sich der Irrationalismus breit machen könne. Als Beispiel für eine solche Situation führt er den Faschismus an.
- Im sechsten Sinnabschnitt (Z. 48–63) kommt Grass auf die negativen Folgen einer Vernunft zu sprechen, „die nicht schlafen darf" (Z. 58). Er spricht von der „überwachen, sich wissenschaftlich nennenden Vernunft" (Z. 55 f.), die den Fortschritt „auf einzig das technisch Machbare reduziert".
- Im siebten Sinnabschnitt (Z. 64–82) erläutert Grass sein persönliches Problem mit dem, was gemeinhin unter „Aufklärung" verstanden wird. Seine Aussagen gipfeln in den Vergleichen, die Aufklärung sei die „Diktatur der Toleranz", die „Tyrannei der Tugend" (Z. 75 f.). Er hingegen wünscht sich eine Aufklärung, „die Lust bereitet" (Z. 77).
- Im achten Sinnabschnitt (Z. 83–91) äußert Grass die Befürchtung, seine Überlegungen kämen angesichts der 250-jährigen Tradition

der Aufklärung zu spät, insbesondere, da jede Neuorientierung eine Zukunft voraussetzt, die Grass für die Menschheit nicht mehr gegeben sieht.

- Im neunten Sinnabschnitt (Z. 92–103) greift Grass auf die Anfänge der Aufklärungsbewegung zurück und betont die Hoffnung auf eine bessere Zukunft, von der die Aufklärer inspiriert waren.
- Im zehnten Sinnabschnitt (Z. 104–112) führt er aus, dass sich diese Hoffnung nicht erfüllt, dass die Aufklärung nur zu technischem Fortschritt und einem neuen, rational begründeten Dogmatismus geführt habe.
- Im elften Sinnabschnitt (Z. 113–119) zieht Grass das Resümee: Es gibt Verbesserungen, die als Resultat der Aufklärung gelten können, diese seien aber geringfügig.

2. Kernaussagen

Grass gibt in seiner Rede ein Bekenntnis zur philosophischen Bewegung der Aufklärung ab. Er beklagt aber, dass die Aufklärung zu zweckrational sich auf das „technisch Machbare" (Z. 57) beschränkt und der Menschheit insgesamt weniger genützt habe, als möglich gewesen wäre. Weder den „Traum der Vernunft" noch den „Schlaf der Vernunft" mag er deshalb in ihren Folgen akzeptieren. Grass wünscht sich hingegen eine Aufklärung, die „Untertan der geschundenen Natur" (Z. 81) wird.

3. Auffällige stilistische und rhetorische Mittel

Der Text ist, wie man es von einem Redetext zu kulturellen Fragen erwartet, in Hochsprache verfasst. Das gilt für die Wortwahl, den Satzbau und die Argumentationsführung. Trotzdem ist auffällig, dass Grass von diesem Schema immer wieder abweicht.
Die Rede zeigt sich als ein genau komponierter Text, in dem argumentative, hochsprachliche Elemente neben solchen stehen, die rhetorische Wirksamkeit erweisen, indem die Zuhörer unmittelbar in die Gedankengänge des Redners einbezogen werden, solchen, die einen Einblick in die Gefühlslage des Redners ermöglichen, und solchen, die in Umgangssprache verfasst sind und als Kontrast die Zuhörer zum Selbstdenken, zur kritischen Reflexion des Gehörten anregen.

a) Sprachstil

Folgendes lässt sich feststellen: Grass verwendet Satzgefüge, um in einer argumentativen Sprache Sachverhalte zu erläutern (vgl. Z. 14 ff., 21 ff., 45 ff.). An prägnanten Stellen greift er jedoch auf Satzreihen („Was ist das für eine Vernunft, die nicht schlafen, den Traum nicht zulassen darf?", Z. 48 ff.) und auf pointierte Formeln als unvollständige Sätze („Vom Ende des Menschengeschlechts?", Z. 85) zurück, da diese das Tempo der Rede erhöhen, die Aufmerksamkeit der Zuhörer wecken und Eindringlichkeit signalisieren. Viele Konkretisierungen erfolgen in der Form von nachgestellten Appositionen („Ungeheuer, sprich, erschreckende Visionen und Utopien als Schreckensherrschaft", Z. 31 f., „den Ungeheuern, also dem Irrationalismus", Z. 40), die den Gedankenfluss nicht unterbrechen. Der Auflockerung dient die Dialogisierung der Gedankengänge („Natürlich nicht, sagen wir", Z. 41); sie bezieht die Zuhörer in die Aussagen des Redners ein, weicht vom gewohnten Satzbaumuster ab und erhöht ebenfalls die Aufmerksamkeit der Zuhörer.

b) Wortwahl

Demselben Zweck dient der Gebrauch einer für einen Sachtext ungewöhnlichen, weil veralteten Wortwahl („hecken", Z. 39, „Menschengeschlecht", Z. 85). Der Begriff „Menschengeschlecht" erinnert an das 18. Jahrhundert, wo er ganz selbstverständlich gebraucht wurde. Der Begriff ist hier von Grass also bewusst gewählt, der Kreis schließt sich wieder.

c) Stilmittel

Zur Verdeutlichung seiner Einstellung verwendet Grass eine Vielzahl von Stilmitteln.
Auffällig ist auch, dass die Vernunft, das leitende Substantiv, personifiziert wird („Darf die Vernunft ... niemals schlafen?", Z. 39 ff.). Auch in der Form des Wortspiels wird diese Personifikation deutlich („Eine Vernunft, die nicht schlafen darf, die mittlerweile, selbst wenn sie schlafen wollte, Schlaf nicht mehr fände, eine schlaflose Vernunft", Z. 58 ff.). Doch auch andere Wortspiele helfen Grass, seine Kernaussage zu veranschaulichen, z. B. die Figura etymologica („die Aufklärung des Spießers zum aufgeklärten Spießer", Z. 78 f.).
Fragen, auf die nicht wirklich eine Antwort gegeben werden kann, lässt Grass in Frageform stehen (z. B. zu Beginn von Sinnabschnitt 6). Das Problem ist damit trotzdem angerissen, der Zuhörer wird sich der Problematik bewusst; möglicherweise findet er ja selbst eine befriedigende Lösung.
An besonders wichtigen Stellen seiner Rede greift Grass auf die rhetorische Frage zurück („Darf die Vernunft ... niemals schlafen?", Z. 39 ff., „Soll das die Ausbeute der Aufklärung sein? War mehr nicht drin?", Z. 118 f.). Oft gibt er dieser dann aber eine argumentative Wendung, mit der nicht zu rechnen war – auch dies weckt die Aufmerksamkeit und das Interesse der Zuhörer, regt sie zum Mitdenken an.
Bildhafte Wendungen („gebrannte Kinder", Z. 45, „Nachtflüge der Einbildungskraft", Z. 61, „hier Spanndienste, dort Räumarbeit leistend", Z. 66 f., „Wunschzettel", Z. 82, „als ... die Aufklärer fleißig wurden ...", Z. 92 ff.) machen das Gesagte anschaulich.

Auch die Verwendung von Synonymen dient der Veranschaulichung von Sachverhalten sowie der Intensivierung der Darstellung, besonders wenn es sich um klimaktische Wiederholungen handelt („aufklären, erhellen, erleuchten“, Z. 52, „durchleuchten, durchsichtig, gläsern, erfaßbar machen“, Z. 53 f., „Immer besser, sozialer, gerechter, wissender, aufgeklärter zu werden“, Z. 74 f.).
Auch Inversionen („Leicht zu durchschauen ist das“, Z. 64, „Annähernd aufgezehrt oder ruiniert ist die Zukunft“, Z. 90 f.), Anaphern („Immer weiß sie, wohin die Reise zu gehen hat. Immer sind ihr die Lernziele bekannt.“, Z. 70 f.), Übertreibungen („Ich, ihr Untertan“, Z. 79 f.) und die Allegorie („der alte Adam“, Z. 109, 113) dienen der Hervorhebung von Wesentlichem. Am Ende der Rede häufen sich dann Beispiele, die zeigen, wie geringwertig die Folgen der Aufklärung sind („Wenn man das Menschengeschlecht …, ihm den Blitzableiter schenke, es fortschreitend durch Elektrifizierung erleuchte und obendrein lehre, richtig die Zähne zu putzen, …“, Z. 96 ff.).

d) Rhetorische Mittel

Persönliche Wendungen kommen oft vor. So spricht Grass seine Zuhörer direkt an („Meine Damen und Herren“, Z. 1) oder bezieht seine Zuhörer durch die direkte Anrede mit ein („wir“, Z. 4, 41 ff.). Damit weckt er deren Aufmerksamkeit, sie fühlen sich unmittelbar angesprochen. Grass zeigt auch persönliche Betroffenheit („jedoch in eigener Sache befragt, weiß ich nicht ein noch aus“, Z. 64 f.), die nicht einer akademischen Abhandlung gleicht. Auch persönliche Bekenntnisse („Selbst meine Undeutlichkeiten, die mir lieb sind, will sie ausleuchten. Fortwährend mahnt sie mich, meinem Chaos Zäune zu setzen.“, Z. 71 ff.) kommen in diesem Redetext vor.
Umgangssprachliche Wendungen („Wo kommen wir hin …?“, Z. 42, „weiß ich nicht ein noch aus“, Z. 65, „Warum zum Teufel“, Z. 69, „die mir nicht weismachen will“, Z. 78, „Ist nicht schon Ladenschluß, Feierabend?“, Z. 84, „aufzuputzen“, Z. 87 f.) werden als Kontrast zur Hochsprache der übrigen Redeteile eingesetzt. Sie machen die Zuhörer auf wichtige Zusammenhänge aufmerksam.

II. Interpretation der Rede
1. Redeanlass und Publikum

Da Grass diese Rede 1984 zur Eröffnung der Veranstaltungsreihe „Vom Elend der Aufklärung“ in der Akademie der Künste in Berlin, also zu einem offiziellen Anlass gehalten hat, ist anzunehmen, dass er vor einer interessierten Zuhörerschaft gesprochen hat. Der Redeanlass zeigt, dass Grass zur Aufklärungsbewegung eine enge Beziehung hat. Doch auch in der Rede selbst setzt er sich mit der Aufklärung und ihren Folgen auseinander.

In seiner Rede macht er deutlich, dass er die Entwicklung der Aufklärung in den letzten 250 Jahren nicht rückhaltlos billigt. Er knüpft an die großen Denker der Bewegung, Voltaire, Rousseau und Diderot an. Indem er diese nur namentlich nennt, jedoch nicht ihre Theorien ausführt, kann davon ausgegangen werden, dass die Zuhörer sie kennen. Grass macht mit der Nennung der Namen darauf aufmerksam, von welchen Utopien die Aufklärung an ihrem Beginn ausging, ohne diese explizit zu erwähnen.

2. Kritik am „Schlaf der Vernunft"

Vor diesem Hintergrund wird schnell klar, dass von diesen hochgesteckten Zielen wenig geblieben ist. Grass kritisiert am Beispiel der Übersetzungen des Titels der Goya-Radierung den „Schlaf der Vernunft", also die Momente in der Geschichte, als die Aufklärung keine Rolle mehr im Denken der Menschen gespielt hat. Als Beispiel nennt er das „Ungeheuer" des Faschismus, also eine antirationale Richtung, die sich auf vor-aufklärerische Mythen und Weltentwürfe bezogen hat. Die NS-Bewegung und auch Hitler selbst haben sich immer gegen das Gedankengut der Aufklärung gewandt und wollten die Rücknahme der Aufklärung zugunsten eines „germanischen" Denkens und der Prinzipien Herrschaft des Führers und Volksgemeinschaft durchsetzen. Insofern ist die Anspielung von Günter Grass durchaus verständlich.

3. Kritik am „Traum der Vernunft"

Seine andere Kritik gilt dem „Traum der Vernunft", also der auf aufklärerischen Prinzipien beruhenden Vorstellung, die Welt mit Hilfe des Verstandes, durch die Schaffung und Umsetzung von Utopien neu ordnen zu können. Als politische Ausprägung dieser Richtung spricht Grass den Kommunismus und den Kapitalismus an.

4. Kritik an den Ergebnissen der Aufklärung

Insgesamt missfällt Grass die Orientierung aufgeklärten Denkens am allein technisch Machbaren, er wählt dafür die Beispiele des Blitzableiters, der Elektrifizierung, des Kabelfernsehens usw. Er spricht in diesem Zusammenhang sogar von einem neuen „Aberglauben" (Z. 108), der die Menschen – entgegen der aufklärerischen Utopie – nicht besser, sondern „eher grausamer, gewiß zynischer" (Z. 109 f.) gemacht habe. Dies bedeutet in der Konsequenz die Umkehrung der Aufklärung in ihr Gegenteil, nicht eine Verbesserung, sondern eine Verschlechterung der Verhältnisse. Grass kritisiert die Tatsache, dass sich in den letzten 250 Jahren überwiegend der technisch-rationale Aspekt der Aufklärung Bahn brechen konnte. In diesem Zusammenhang äußert er sich auch recht persönlich, bezieht die Ergebnisse aufklärerischen Denkens auf sich. Hier setzt er auch verstärkt umgangssprachliche Wendungen („Warum zum Teufel", Z. 69) und Wortspiele („Diktatur der Toleranz", „Tyrannei der Tugend", Z. 75 f.) ein. Auch die Allegorie vom „alten Adam" (Z. 109 ff.) deutet darauf hin, dass der Mensch der gleiche geblieben und durch den Prozess der Aufklärung keineswegs besser geworden ist, wie das in den Anfängen der Aufklärung angenommen worden war.

5. Defizite der Aufklärung

Grass regt die Zuhörer an, darüber nachzudenken, welche anderen Ziele der Aufklärung bis jetzt nicht eingelöst sind. Der Schlüsselsatz „Ich, ihr [der Aufklärung] Untertan, will, daß ihre herrschende, überall vorherrschende Vernunft endlich Untertan der geschundenen Natur wird" (Z. 79 ff.), zeigt die Richtung, in die Grass denkt: Die Aufklärung hat den Menschen zum Herren über die Natur gemacht, der diese nach rationalen Gesichtspunkten ausbeutet. Dass damit Lebensraum zerstört wird, dass auch die natürlichen Lebensgrundlagen der Menschheit in Frage gestellt werden, dass nicht daran gedacht wurde, die Natur in das aufgeklärte Denken so einzubeziehen, dass sie geschützt und geschont wird – auch das ist ein rationales Gedankengut in der Tradition der Aufklärung, das bislang meist vernachlässigt wurde.

C. Schluss: Technischer Fortschritt und Zerstörung der Natur als weltweite Phänomene

Der sich rasend schnell entwickelnde Fortschritt der Technik in unserer Gesellschaft ist ein weltweites Phänomen. Ein Staat kann heute nur noch bestehen, wenn er einen hohen Entwicklungsfortschritt auf diesem Gebiet hat. Dies gilt sowohl auf militärischer Ebene, zur Abwehr oder mehr noch Abschreckung potenzieller Angreifer oder gegen terroristische Gewaltakte, als auch in der Wirtschaft, wo technischer Fortschritt und Produktivitätssteigerung vermeintlich lebensnotwendig sind. Gesellschaften und Unternehmen sind heute nur konkurrenzfähig, wenn sie neue, technisch hoch entwickelte Produkte auf den globalen Markt bringen und Kosten in der Produktion, z. B. durch den Einsatz von Maschinen, minimieren. Nicht nur die sowieso schon hoch entwickelten Industriestaaten streben nach immer mehr Fortschritt und Wachstum, auch die Staaten der so genannten Dritten Welt haben dies als Ziel. Bei aller technischen Weiterentwicklung in den letzten Jahrhunderten bleibt jedoch die Frage offen, ob die Menschheit geistig-moralisch reicher und glücklicher geworden ist. Gerade unser heutiges Streben nach individueller Erfüllung materieller Bedürfnisse und die Vernachlässigung gesellschaftlicher Werte unterstützt die These von Günter Grass, dass sich Fortschritt sehr häufig auf allein das technisch Mögliche reduziert hat.

Erfassen des Themas

Aufgabe 1

Untersuchung von Thema 1:

Dieses Erörterungsthema ist in Frageform formuliert. Die Frage ist offen gestellt, was bedeutet, dass man nicht darauf festgelegt ist, mit „ja" oder „nein" zu antworten. Man muss also für beide Antwortmöglichkeiten Argumente finden und am Ende abwägen, welche schwerer wiegen. Somit entspricht diese Aufgabenstellung dem Typus der **„Pro-und-Kontra-Erörterung"**. Andererseits ist das Thema recht weit gefasst, was bedeutet, dass man sich selbst über die Einzelaspekte, die es beinhaltet, Gedanken machen muss.

Untersuchung von Thema 2:

Dieses Thema ist als **Aussage** formuliert. Es wird kein Zweifel daran gelassen, dass sich das Gymnasium verändern muss, um seine Aufgabe zu erfüllen. Bei der Bearbeitung muss man also die Form der **steigernden Erörterung** wählen.

Untersuchung von Thema 3:

Diesem Thema liegt ein **Zitat** von Albert Einstein zugrunde. Dieses muss man zuerst nach den Methoden Schlüsselbegriffe finden und Hilfsfragen stellen analysieren. Anschließend sollte man die Frage erörternd behandeln. Die **dialektische Erörterung** ist hierfür die passende Aufsatzform. Diese Einzelaspekte kann man herausfinden, wenn man die **Schlüsselwörter**, die der Aufgabenstellung zugrunde liegen, herausfiltert und auf ihren Inhalt abklopft.

Aufgabe 2

Arbeiten Sie aus den drei Erörterungsthemen die Schlüsselbegriffe heraus und erläutern Sie diese.

Thema 1

Schlüsselbegriffe und ihre Erläuterung:

Die Schlüsselbegriffe in dieser Aufgabe lauten: „Gymnasium", „im 21. Jahrhundert", „tauglich sein". Sie können wie folgt untersucht werden:

- Was umfasst der Begriff „Gymnasium"?
  Gemeint ist sicher nicht das Gebäude, sondern der Schultyp. Weiter könnten die am Gymnasium vermittelten Bildungsinhalte gemeint sein. Möglicherweise werden auch Arbeitsformen wie Stillarbeit, Exzerpieren, Recherchieren, Urteile fällen, Begründungen finden und Schwerpunkte setzen gemeint sein. Auch die verschiedenen Sozialformen wie Partnerarbeit und Teamarbeit gehören dazu.
- Was ist gemeint mit der Zeitangabe „im 21. Jahrhundert"?
  Es geht nicht nur um eine Zeitangabe, sondern um das, was damit gedanklich verbunden wird. Eine weitere Hilfsfrage kann deshalb sein: Was hat sich im 21. Jahrhundert verändert? Mögliche Antworten: Die Arbeitswelt ist von mehr Leistungsdruck geprägt, die Menschen müssen effektiver arbeiten, schneller zu fundierten Ergebnissen kommen, dazu teamfähig

und kritikfähig, aber auch an selbstständiges Arbeiten gewöhnt sein, Freiräume für ihre Tätigkeit sinnvoll nützen, ihr Handeln reflektieren und ihre Entscheidungen vertreten, selbstsicher vor anderen auftreten und Ergebnisse präsentieren. Hinzu kommt als weiterer Aspekt die Globalisierung. Sie erfordert die Kenntnis anderer Kulturen, das Verstehen, Respektieren und sich Einfügen in andere Mentalitäten, die Möglichkeit zu sprachlicher Verständigung und damit das Beherrschen von Fremdsprachen, sowie die Fähigkeit mit anderen in schnellen Kontakt zu treten, etwa über das Internet.

- Was bedeutet die Wendung „tauglich sein"?
  Gemeint ist: Leistet das Gymnasium dies? Bereitet es die Schülerinnen und Schüler angemessen auf die oben genannten Herausforderungen des Studiums und der Berufswelt vor? Werden diese Anforderungen nicht nur theoretisch behandelt, sondern auch erprobt? Bekommen die Lernenden das nötige Rüstzeug, aber auch die erforderliche Sicherheit für die Zeit nach der Schule?

Thema 2

Schlüsselbegriffe und ihre Erläuterung:

Schlüsselwörter sind „Lehrpläne des Gymnasiums", „Studium und Arbeitswelt", „fit machen". Bei diesem Thema dürfte es keine begrifflichen Schwierigkeiten geben. Um das Thema und seine inhaltliche Dimension zu erfassen, muss man aber klären, was sich hinter diesen Schlüsselbegriffen verbirgt. Zu diesem Zweck sollte man **Hilfsfragen** stellen, die zu verstehen helfen, worum es geht.

Solche Hilfsfragen können lauten:

- Welche Fähigkeiten, Kenntnisse und Qualifikationen brauchen die Schülerinnen und Schüler, um ein Studium sinnvoll zu meistern bzw. um im Berufsleben zu bestehen?
  Mögliche Stichpunkte zur Beantwortung der Frage: Gute Grundlagenkenntnisse in allen wissenschaftlichen Disziplinen, Fähigkeit zu lebenslangem Lernen, Problembewusstsein, Selbstkritik, Teamfähigkeit, Durchhaltevermögen, Fähigkeit zur Selbstmotivation, Zeitmanagement.
- Wie sind die Lehrpläne derzeit beschaffen? Welche fachlichen Inhalte und welche Methoden, welche Fertigkeiten und Werthaltungen erlernen die Schülerinnen und Schüler am Gymnasium?
  Ihre Antwort lautet möglicherweise: Der Schwerpunkt der schulischen Ausbildung liegt auf fachlichen Inhalten, die Schülerinnen und Schüler werden mit der speziellen Methodik der Unterrichtsfächer vertraut gemacht. Die anderen oben genannten Fähigkeiten wie lebenslanges Lernen, Problembewusstsein usw. werden nicht nachhaltig gefördert, Schülerinnen und Schüler kommen damit, wenn überhaupt, eher zufällig in Berührung.
- Worüber erfahren die Schülerinnen und Schüler am Gymnasium zu wenig, welche Qualifikationen fehlen ihnen, welche Fähigkeiten werden zu wenig trainiert?
  Die Antwort auf diese Frage ergibt sich aus den Hilfsfragen oben. Möglicherweise stellen Sie aber auch fachliche Defizite fest: z.B. ein fehlendes Lernangebot im Bereich der modernen Fremdsprachen (Spanisch, Russisch, Chinesisch), fehlende Anwendungsmöglich-

keiten von theoretisch Gelerntem (etwa in Form von naturwissenschaftlichen Übungen), unzureichende Nutzung außerschulischer Bildungsangebote (Zusammenarbeit mit einer benachbarten Universität, fehlendes Betriebspraktikum) usw.

Thema 3
Schlüsselbegriffe und ihre Erläuterung:
Die Schlüsselbegriffe in dieser Aufgabe lauten: „menschliche und geistige Qualitäten" und „ohne Rücksicht auf die unmittelbare Brauchbarkeit". Die Schlüsselbegriffe können wie folgt geklärt werden:

- „Menschliche" steht hier im Gegensatz zu „geistige Qualitäten" und kann deshalb so verstanden werden: Die menschlichen Qualitäten sind alle außer die geistigen, also alles, was der Mensch ist und leistet, ohne das, was ihm an geistigen Anlagen mitgegeben ist bzw. was er gelernt hat. Zu den „menschlichen Qualitäten" gehören damit seine handwerklichen, sportlichen und organisatorischen Fähigkeiten, sowie seine Anlagen: Empathiefähigkeit, kommunikative Fähigkeiten, sein Selbstkonzept sowie alle Sekundärtugenden wie Pünktlichkeit, Zuverlässigkeit, Ordnungssinn usw.
  Zu den „geistigen Qualitäten" gehört das, was der Mensch intellektuell zu leisten im Stande ist – sei es aufgrund von Vererbung, Bildung oder Erziehung.
- Die „unmittelbare Brauchbarkeit" meint den Nutzen, den der Mensch im Berufsleben, für seinen Broterwerb, zur Wahrnehmung von Karrierechancen etc. aus den genannten Qualitäten ziehen kann.

Klärung unklarer Begriffe

Aufgabe 1
In PONS Das große Schulwörterbuch Deutsch finden Sie für „unabdingbar" folgenden Eintrag:

unabdingbar, Adj. notwendig
Latein ist für dieses Studium eine unabdingbare Voraussetzung.

Wenn Sie sich nun mit der **Wörterbuchmethode** Klarheit über den Begriff „Lesefähigkeit" verschaffen wollen, merken Sie bald, dass Sie das Wörterbuch im Stich lässt. „Lesefähigkeit" ist ein zusammengesetztes Substantiv, das so nicht im Wörterbuch zu finden ist.

Aufgabe 2
Wenn Sie selbst versuchen, den Begriff „Lesefähigkeit" zu erklären, liest sich das womöglich so: Jemand kann lesen, lesen können. Und hier beginnt nun die Schwierigkeit: Was heißt „lesen können"? Sind die Analphabeten gemeint, die nicht lesen können? Wohl kaum, denn dann müsste man – die Aufgabenstellung betrachtend – vermuten, dass die gesamte Bevölkerung nicht lesen kann, was erwiesenermaßen nicht stimmt. Sie werden es schon erkannt haben: Es geht in der Aufgabenstellung um den Grad des Lesenkönnens, um die Schnelligkeit, Inhalte zu erfassen, um die Fähigkeit, selektiv zu lesen, also gezielt das zu lesen, was einen betrifft, interessiert, für jemanden wichtig ist usw.

Sammlung eigener Gedanken zum Thema

Aufgabe 1

Grundlagenkenntnisse in allen wissenschaftlichen Disziplinen, gute Englischkenntnisse, Fähigkeit zu lebenslangem Lernen, Selbstvertrauen, gute Sprachkenntnisse, Problembewusstsein, Selbstkritik, Teamfähigkeit, Fähigkeit, sich fehlerfrei in deutscher Schrift und Sprache auszudrücken, die Beherrschung einer zweiten lebenden Fremdsprache, Durchhaltevermögen, Fähigkeit zur Selbstmotivation, Zeitmanagement, Fähigkeit zur Zusammenarbeit mit anderen, politische Entscheidungsprozesse verstehen, das Funktionieren der Wirtschaft und der Finanzmärkte durchschauen können, selbstständig arbeiten können, gute Grundlagenkenntnisse im eigenen Fachgebiet, Gesprächsführung, Bereitschaft, sich fortzubilden.

Aufgabe 2

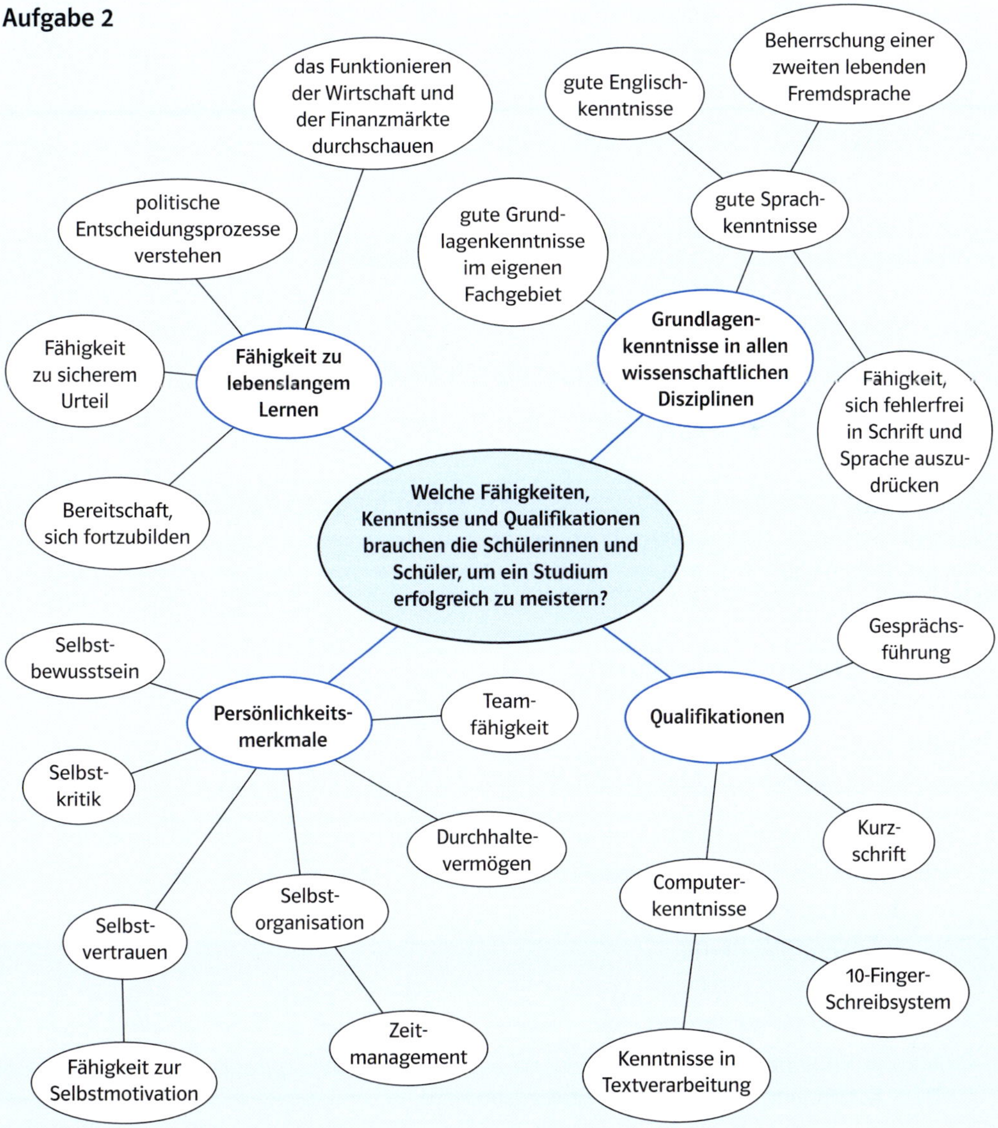

Ordnen der Gedanken

Aufgabe 1

Politische Entscheidungsprozesse verstehen
Das Funktionieren der Wirtschaft und der Finanzmärkte durchschauen können
Selbstmotivation (= Doppelung)

Aufgabe 2

Fähigkeiten (Charaktereigenschaften, Persönlichkeitsmerkmale):

- Fähigkeit zu lebenslangem Lernen = Bereitschaft, sich fortzubilden
- die Fähigkeit, sich selbst zu motivieren = Durchhaltevermögen
- Selbstbewusstsein, Selbstvertrauen
- Problembewusstsein = Fähigkeit zu sicherem Urteil
- Selbstkritik
- Teamfähigkeit = Fähigkeit zur Zusammenarbeit mit anderen
- Selbstorganisation = selbstständig arbeiten können

Kenntnisse (Wissen):

- gute Grundlagenkenntnisse im eigenen Fachgebiet
- Grundlagenkenntnisse in allen wissenschaftlichen Disziplinen
- gute Sprachkenntnisse, z. B. gute Englischkenntnisse, die Beherrschung einer zweiten lebenden Fremdsprache
- Fähigkeit, sich fehlerfrei in deutscher Schrift und Sprache auszudrücken

Qualifikationen:

- Zeitmanagement
- Computerkenntnisse, auch: Kenntnisse in Textverarbeitung (10-Finger-Schreibsystem)
- Kurzschrift
- Gesprächsführung

Anfertigen einer Gliederung

Aufgabe 1

A. Einleitung: Konkurrenzdruck an der Universität

B. Welche Fähigkeiten, Kenntnisse und Qualifikationen brauchen die Schülerinnen und Schüler, um ein Studium sinnvoll zu meistern?
   I. Qualifikationen
      1. Gesprächsführung
      2. Zeitmanagement
      3. Computerkenntnisse:
         a. Umgang mit dem PC
         b. Umgang mit Textverarbeitungssoftware

- II. Kenntnisse
  1. Beherrschung der deutschen Sprache …
     a. … in Wort und
     b. … in der Schrift
  2. Fremdsprachenkenntnisse
     a. gute Englischkenntnisse
     b. Beherrschung einer zweiten lebenden Fremdsprache
  3. Grundlagenkenntnisse in allen wissenschaftliche Disziplinen
  4. Fundierte Grundkenntnisse im eigenen Fachgebiet
- III. Fähigkeiten
  1. die Studiensituation betreffend
     a. Problembewusstsein
     b. Selbstorganisation
     c. Fähigkeit zu lebenslangem Lernen
  2. im Umgang mit anderen
     a. Teamfähigkeit
     b. Kritikfähigkeit
  3. den eigenen Charakter betreffend
     a. Selbstvertrauen
     b. Selbstkritik
     c. Durchhaltevermögen

C Schluss: Ergänzung fundierten Fachwissens durch wichtige Qualifikationen und ausgeprägte Persönlichkeitsmerkmale als Grundlage für ein erfolgreiches Studium

Aufgabe 2

A. Das Internet als Kommunikationsmedium unserer Zeit

B. Ist der Einsatz des Internets im Unterricht sinnvoll?

- I. Folgende Argumente sprechen gegen den Einsatz des Internets im Unterricht:
  1. Ablenkung von wichtigen Dingen
     a. Ablenkung durch Online-Spiele
     b. Das Internet als „Zeitfresser"
  2. Das Internet als Gefahrenquelle für Schüler
     a. Gefahr durch finanzielle Risiken
     b. Schädigung der Jugendlichen durch ungeeignete Inhalte
- II. Folgende Argumente sprechen für den Einsatz des Internets im Unterricht:
  1. Erlernen des sinnvollen Umgangs mit dem Internet
     a. Erlernen der Handhabung des Internets
     b. Erkennen der Hilfe der Suchmaschinen

2. Möglichkeit zur Recherche
   a. Ermittlung von aktuellen Informationen
   b. Nutzung von Online-Wörterbüchern und -Lexika
   c. Zugriff auf wissenschaftliche oder literarische Texte
3. Erstellung von Präsentationen
   a. Möglichkeiten der ansprechenden Gestaltung
   b. Erhöhung der Anschaulichkeit

III. Hinführung der Schülerinnen und Schüler an eine sinnvolle Nutzung des Internets als Baustein eines zeitgemäßen Unterrichts

C Zunehmende Vernetzung der Welt im privaten und beruflichen Sektor

Die Argumentation

Aufgabe 1

Argumentationsschritt	Erläuterung	Textbeispiel
Behauptung (These)	Die Behauptung sollte in Thesenform, …	3
Begründung	Die Begründung muss stichhaltig sein. …	1
Beispiel	Das Beispiel muss allgemein nachvollziehbar …	4
Rückführung zur These (Schlussfolgerung)	Damit das Argument verständlich ist, …	2

Verschiedene Arten von Beweisen

Aufgabe 1

Kennzeichen	Textbeispiel	Beweisart
Bezug auf allgemein …	Für Schüler, die den Umgang …	b
Berufung auf Aussagen …	Nach Aussagen von Professoren …	a
Berufung auf Gesetze …	Die private Nutzung des Internets, …	e
Anführung …	Die allgemeine Erfahrung zeigt, …	d
Rückschlüsse …	Mit zunehmender Verbreitung des Internets …	c

Formulieren eines Arguments

Aufgabe 1

Ausführung	Gliederungspunkt	Argumentationsschritt
Der Einsatz des Internets im …	2. Möglichkeit zur Recherche	These
Zwar kann im Unterricht …	a. Ermittlung von aktuellen Informationen	Begründung
Besonders in Wirtschaft, …	(erscheint nicht in der Gliederung)	Beispiel / Beweis
Gerade wegen dieses schnellen Zugriffs …	(erscheint nicht in der Gliederung)	Rückführung

Aufgabe 2

Argumentationsschritt 1

Besonders in Wirtschaft, Erdkunde, aber auch in Sozialkunde oder in der politischen Bildung ist es wichtig, aktuelles Zahlenmaterial zur Verfügung zu haben. Wie will man die Entwicklung der Europäischen Gemeinschaft verstehen, wenn man nicht weiß, welche Länder zur EU gehören, wie viele Einwohner sie haben, welches Land wie stark im Europäischen Parlament vertreten ist usw.

Argumentationsschritt 2

Zwar kann im Unterricht auch mit den Schulbüchern gearbeitet werden, doch können darin enthaltene Zahlen und Fakten oft schnell veraltet sein. Wenn man bedenkt, dass Schulbücher meist sechs Jahre oder länger in Gebrauch sind, dann ist einsichtig, dass viele Zahlen und Daten nicht mehr stimmen.

Argumentationsschritt 3

Der Einsatz des Internets im Unterricht ist auch deshalb wichtig, weil dadurch die Schüler angeleitet werden, selbstständig zu recherchieren.

Argumentationskreis und Argumentationskette

Aufgabe 1

Begründung 2

Hinzu kommt, dass die Schülerinnen und Schüler in eine Gesellschaft hineinwachsen, die in zunehmendem Maß Teamfähigkeit erwartet. Wo ließe sich diese besser trainieren als in der Schule?

Beispiel 2

Viele der modernen Unterrichtsformen, wie z.B. das Schneeballsystem, sind so angelegt, dass die Schüler zusammenarbeiten müssen, um Ergebnisse vorweisen zu können.

Begründung 3
In engem Zusammenhang mit der Teamfähigkeit steht der Umgang mit der eigenen Frustrationstoleranz. Natürlich ist es für engagierte, leistungsstarke Schüler ernüchternd, mit schwächeren oder desinteressierten Mitschülern arbeiten zu müssen.

Beispiel 3
Doch auch dies ist keine Situation, die man nur in der Schule antrifft. Auch in der Universität und im Beruf wird man auf Menschen treffen, die – oft nur auf den ersten Blick – eine Gruppenarbeit behindern. Das auszuhalten und kreativ damit umzugehen, kann auch in der Schule gelernt werden.

Darlegen des eigenen Standpunktes

Aufgabe 1
Das Internet ist für Jugendliche mit vielen Gefahren verbunden. Sie können auf Seiten kommen, deren Inhalte nicht ihrem Alter entsprechen, sie können auch in finanzielle Fallen laufen. Doch bietet das Internet für Schüler und Schülerinnen eine Menge Nützliches: neueste Informationen, aktuelle Zahlen, Wissensinhalte, die zu erlangen sonst eine möglicherweise weit entfernte Bibliothek aufgesucht werden müsste. Damit die Schüler die Vorteile dieses Mediums sinnvoll zu nützen lernen, muss der Umgang mit dem Internet fester Bestandteil eines zeitgemäßen Unterrichts sein.

Gestaltung von Einleitung und Schluss

Aufgabe 1

Für die Einleitung ist geeignet	richtig	falsch
ein aktuelles Beispiel von allgemeinem Interesse	☒	○
die Beschreibung eines allgemeinen Zustandes	☒	○
der Bezug auf ein eigenes Erlebnis	○	☒
der Bezug auf die geschichtlichen Hintergründe	☒	○
der Bezug auf eine Statistik oder anderes Zahlenmaterial	☒	○
der Bezug auf ein Problem eines Freundes	○	☒
ein Sprichwort, ein Zitat oder eine Begriffserklärung (Definition)	☒	○
bei der literarischen Erörterung: …	☒	○

Aufgabe 2

Im Schlussteil können Sie	richtig	falsch
an den Einleitungsgedanken anknüpfen	⊗	○
auf weitere Aspekte des Themas verweisen, die sich im Anschluss an Ihre Erörterung aufdrängen	⊗	○
einen Ausblick auf die Zukunft geben	⊗	○
eine begründete persönliche Stellungnahme abgeben	⊗	○
auf Ihre Lebenssituation verweisen	○	⊗
von Ihren Hoffnungen oder Ängsten berichten	○	⊗
wichtige Ergebnisse der Erörterung pointiert zusammenfassen	⊗	○
Ihre künftigen Vorhaben auflisten	○	⊗

Sprachliche Besonderheiten der Erörterung

Aufgabe 1

	geeignet	ungeeignet
Ein anderer Aspekt ist, dass …	⊗	○
Die Sache ist die, dass …	○	⊗
Es geht darum, zu erkennen …	⊗	○
Die Menschen denken, dass …	○	⊗
Deshalb glaubt jeder, dass …	○	⊗
Der Roman wurde von vielen Kritikern gelobt.	⊗	○
Es ist klar, dass …	○	⊗

Aufgabe 2

	geeignet	ungeeignet
natürlich	○	⊗
sowieso	○	⊗
wie jeder weiß	○	⊗
selbstverständlich	○	⊗
manchmal	⊗	○
es ist wissenschaftlich erwiesen, dass …	○	⊗

Aufgabe 3

Die Befähigung der Schülerinnen und Schüler zu lebenslangem Lernen ist eine der Kernaufgaben der weiterführenden Schule im 21. Jahrhundert.

Satzgestaltung bei der Erörterung

Aufgabe 1

	subordinierende Konj.	koordinierende Konj.
weder … noch	○	⊗
sowohl … als auch	○	⊗
indem	⊗	○
als wenn	⊗	○
weil	⊗	○
sodass	⊗	○
dennoch	○	⊗
ebenso	○	⊗
seitdem	⊗	○
so … wie	○	⊗
sooft	⊗	○
bevor	⊗	○

Aufgabe 2

	Reihung	Steigerung	Gegensatz
Noch wichtiger als … ist …	○	⊗	○
Nicht vergessen werden darf …	⊗	○	○
Einschränkend muss man jedoch feststellen, dass …	○	○	⊗
Dagegen spricht jedoch, dass …	○	○	⊗
Schwerer wiegt jedoch …	○	⊗	○
Dazu kommt noch, dass …	⊗	○	○
Nicht zuletzt deshalb, weil …	⊗	○	○
Nicht anders ist es mit …	⊗	○	○
Noch wichtiger ist jedoch …	○	⊗	○

Zitate und Zitiertechnik

Aufgabe 1

Text 1

Es handelt sich um eine Paraphrase.

Begründung: Die Aussage des Originaltextes wird im Konjunktiv wiedergegeben, es gibt keine wörtliche Übernahme in Anführungszeichen.

Text 2

Es handelt sich um ein wörtliches Zitat.

Begründung: Die Aussage des Erziehungswissenschaftlers Jürgen Oelkers wird so übernommen, wie sie in seinem Buch zu finden ist und steht in Anführungszeichen. Das wörtliche Zitat wurde in den eigenen Text eingefügt.

Text 3

Es handelt sich um einen Verweis.

Begründung: Die Aussage von Philipp und Rolff wird nicht mehr genau genannt, es wird nur auf sie hingewiesen.

Untersuchung der Fragestellung

Thema	linear	dialek-tisch
Soll das Wahlalter in der Bundesrepublik Deutschland auf 16 Jahre …	○	⊗
„Wir amüsieren uns zu Tode!" (Neil Postman) …	○	⊗
Ist es erforderlich, den Verkauf von Zigaretten an Jugendliche unter …	○	⊗
Die PISA- und die OECD-Studie haben Deutschland schlechte …	⊗	○
Behinderte werden in unserer Gesellschaft noch immer benachteiligt. …	⊗	○
Zu den wichtigsten gesellschaftlichen Problemen zählen momentan …	⊗	○
In der Oberstufe des Gymnasiums wird an den meisten Schulen …	○	⊗
Der Rauschgiftkonsum in der Bundesrepublik Deutschland nimmt zu, …	⊗	○
Legen Sie dar, ob es sinnvoll ist, …	○	⊗
Der Lehrplan des Faches Deutsch verlangt ab der 9. Jahrgangsstufe …	⊗	○
Muss sich das Gymnasium in Struktur, Organisation …	○	⊗

Grundlagen des Aufsatzes 1: Die dialektische Form der Erörterung

1. Analyse der Aufgabenstellung

Aufgabe 1
Lösung: 1 = b 2 = c 3 = a

Aufgabe 2
- Erörtern Sie, ob die gängige Abwesenheitsregelung sinnvoll ist.
- Legen Sie dar, ob die gängige Abwesenheitsregelung sinnvoll ist.
- Klären Sie, ob die gängige Abwesenheitsregelung sinnvoll ist.

2. Die Stoffsammlung

Aufgabe 3
- Für die Schüler gibt es bürokratische Hürden.
- Es entstehen keine Wissenslücken.
- Alle sind auf dem gleichen Wissensstand.
- Jeder kann jederzeit abgefragt werden.
- Die Stoffdurchnahme wird nicht durch fehlende Schüler gebremst.
- Erziehung zum erwachsenen Menschen!

- Schwänzen soll vermieden werden.
- Die Schüler fühlen sich gegängelt.
- Zu interessanten Fächern geht man sowieso.
- Die Lehrer wollen, dass man kommt.
- Nicht alle Fächer und Unterrichtsinhalte sind gleich wichtig.
- Schüler und Schülerinnen werden zum regelmäßigen Unterrichtsbesuch angehalten.
- Viele Lehrer sind beleidigt, wenn man nicht kommt.
- Lehrer akzeptieren keine Kritik an ihrem Unterricht.
- Von den Schülern können jederzeit Leistungsnachweise gefordert werden.
- Die Schule erfüllt ihre Aufsichtspflicht, wenn die Anwesenheit kontrolliert wird.
- Die Schüler können kaum noch Nebenjobs ausüben.
- Die Lehrkräfte werden mit Verwaltungsarbeit belastet: Sie müssen die Anwesenheit kontrollieren.

3. Die Stoffordnung

Aufgabe 4

Argumente für die derzeit übliche Abwesenheitsregelung:
- Die Stoffdurchnahme wird nicht durch fehlende Schüler gebremst.
- Von den Schülern können jederzeit Leistungsnachweise gefordert werden.
- Schüler und Schülerinnen werden zum regelmäßigen Unterrichtsbesuch angehalten.
- Die Schule erfüllt ihre Aufsichtspflicht.
- Es entstehen keine Wissenslücken.

Argumente gegen die derzeit übliche Abwesenheitsregelung:
- Schüler und Schülerinnen werden nicht zur Eigenverantwortung angehalten.
- Für die Schüler gibt es bürokratische Hürden.
- Die Lehrkräfte werden mit Verwaltungsarbeit belastet.
- Schüler halten nicht alle Fächer und Unterrichtsinhalte für gleich wichtig.
- Die Schüler fühlen sich gegängelt.
- Die Schüler werden in der Ausübung von Nebenjobs behindert.

4. Anordnung der Argumente

Aufgabe 5

Argumente für die derzeit übliche Abwesenheitsregelung:
1. Es entstehen keine Wissenslücken.
2. Die Progression im Stoff wird nicht durch fehlende Schüler gebremst.
3. Schüler und Schülerinnen werden zum regelmäßigen Unterrichtsbesuch angehalten.
4. Von den Schülern können jederzeit Leistungsnachweise gefordert werden.
5. Die Schule erfüllt ihre Aufsichtspflicht.

Argumente gegen die derzeit übliche Abwesenheitsregelung:

1. Die Lehrkräfte werden mit Verwaltungsarbeit belastet.
2. Für die Schüler gibt es bürokratische Hürden.
3. Schüler halten nicht alle Fächer und Unterrichtsinhalte für gleich wichtig.
4. Schüler und Schülerinnen werden nicht zur Eigenverantwortung angehalten.

5. Die Synthese

Aufgabe 6

	passt	passt nicht
Schülerinnen und Schüler der Oberstufe haben primär …	☒	○
Der regelmäßige Schulbesuch und die Ausübung …	☒	○
Schule und Nebenjobs haben nichts miteinander zu tun.	○	☒
Die Schule muss eine Regelung finden, die …	☒	○
Die Schule muss Toleranz und Strenge als Mittel einsetzen, …	☒	○
Ich hatte noch nie ein Problem in der Schule, …	○	☒
Individuelle Regelungen, …	☒	○

6. Einleitung und Schluss

Aufgabe 7

	passt	passt nicht
Schülerinnen und Schüler der Oberstufe …	☒	○
Nebenjobs wirken sich negativ …	☒	○
Die derzeit übliche Abwesenheitsregelung ist unpassend.	○	☒
Die Schule hat die Aufgabe, …	☒	○
Die Anwesenheitskontrolle ist an verschiedenen Schulen …	☒	○
Ich bin dafür, dass es den Schülern überlassen wird, ob …	○	☒
Selbstverantwortung muss gelernt und geübt werden …	☒	○

Aufgabe 8

	passt	passt nicht
Die Schule ist nur eine Institution von vielen, …	☒	○
Bei Nebenjobs lernen Schülerinnen und Schüler …	☒	○
Erziehung zur Selbstständigkeit muss Freiräume schaffen.	☒	○
Für sozial Schwächere wird der Schulbesuch künftig …	☒	○
Schülerinnen und Schüler beziehen oft …	☒	○
Nebenjobs können lehrreich sein, aber …	○	☒
Die Lehrer sollte es nicht interessieren, ob …	○	☒

7. Gliederung

Aufgabe 9

A. Inanspruchnahme vieler Schülerinnen und Schüler durch Jobs am Nachmittag

B. Ist die derzeit an Gymnasien übliche Abwesenheitsregelung sinnvoll?
   I. Argumente für die derzeit übliche Abwesenheitsregelung:
      1. Es entstehen keine Wissenslücken.
      2. Die Progression im Stoff wird nicht durch fehlende Schüler gebremst.
      3. Schüler und Schülerinnen werden zum regelmäßigen Unterrichtsbesuch angehalten.
      4. Von den Schülern können jederzeit Leistungsnachweise gefordert werden.
      5. Die Schule erfüllt ihre Aufsichtspflicht.
   II. Argumente gegen die derzeit übliche Abwesenheitsregelung:
      1. Die Lehrkräfte werden mit Verwaltungsarbeit belastet.
      2. Für die Schüler gibt es bürokratische Hürden.
      3. Für die Schülerinnen und Schüler sind nicht alle Fächer und Unterrichtsinhalte gleich wichtig.
      4. Schüler und Schülerinnen werden nicht zur Eigenverantwortung angehalten.
      5. Die Schule nimmt die Anforderungen der Berufswelt vorweg.
      6. Für volljährige Schüler bedeutet die Abwesenheitskontrolle keine wirkliche Hürde, wenn sie den Unterricht nicht besuchen wollen.
   III. Erziehung der Schüler zur Eigenverantwortung

C. Vereinbarkeit von schulischen Pflichten und dem Wunsch, sich durch Jobs Geld zu verdienen

Grundlagen des Aufsatzes 2: Die lineare Form der Erörterung

1. Analyse der Aufgabenstellung

Aufgabe 1

Lösung: 1 = b 2 = a

Aufgabe 2

1. Sie sollen die Hauptursachen für die im ersten Satz genannte Entwicklung darlegen und
2. Möglichkeiten aufzeigen, dem Rechtsradikalismus wirksam entgegenzuarbeiten.

Aufgabe 3

Zum ersten Teil:

- Warum nimmt die Ausländerfeindlichkeit in Deutschland zu?
- Wie äußert sich diese Ausländerfeindlichkeit?
- Welche Beispiele für Ausländerfeindlichkeit gibt es?
- Wie zeigt sich der zunehmende Rechtsextremismus?
- Welche aktuellen Beispiele gibt es dafür?

Zum zweiten Teil:

- Wer kann gegen den Rechtsextremismus ankämpfen? Der Einzelne, die Bevölkerung, die Parteien, die Medien usw.?
- Wie kann man dagegen ankämpfen? Soll man protestieren, demonstrieren, argumentieren? Soll in der Presse anders berichtet werden? Soll das Bundesverfassungsgericht Parteiverbote aussprechen? Sollen die Volksparteien ihre programmatischen Zielsetzungen verändern usw.?
- Was kann der Einzelne tun? Zivilcourage zeigen? Anders wählen? Bürgerinitiativen gründen?
- Was hilft? Welche Aktionen laufen ins Leere? Welche Rückschläge sind zu erwarten?

2. Stoffsammlung und Stoffordnung

Aufgabe 4

Zum ersten Teil:

- Angst vor Arbeitslosigkeit
- Angst vor unzureichender sozialer Absicherung
- Gefühl, gesellschaftlich „zu kurz gekommen" zu sein
- Neid auf erfolgreiche ausländische Mitbürger
- Gefühl der politischen Ohnmacht

Zum zweiten Teil:

- mehr Vertrauen in die Politik nötig
- Aufklärung über die wahren Absichten, Ziele und Untaten der Nationalsozialisten in den 20er- und 30er-Jahren des 20. Jahrhunderts
- Aufklärung über Absichten der neuen Rechtsradikalen
- Schaffung eines Zusammengehörigkeitsgefühls zwischen Deutschen und in Deutschland lebenden Ausländern
- Information über die Reformgesetze der Regierung

3. Einleitung und Schluss

Aufgabe 5

	passt	passt nicht
Hinweis auf kürzlich stattgefundene Wahlen, …	☒	○
Hinweis auf die Angst vieler Menschen vor Arbeitslosigkeit	○	☒
Verweis auf ein selbst erlebtes Beispiel …	☒	○
Verweis auf Herrschaft der Nationalsozialisten …	☒	○
Verweis auf gesellschaftliche Ungerechtigkeiten	○	☒

Aufgabe 6

	passt	passt nicht
Klare Aussagen von Politikern gegen den Rechtsradikalismus	☒	○
Engagement der Presse für die Demokratie	☒	○
Eintreten des Einzelnen für ausländische Mitbürger	☒	○
Rechtsextremes Gedankengut …	○	☒
Nationalsozialismus ist bereits Geschichte	○	☒

4. Gliederung

Aufgabe 7

A. Das Erstarken der Nationalsozialisten in den 20er-Jahren des 20. Jhs.

B. Welche Gründe für den neuen Rechtsradikalismus und welche Möglichkeiten zu seiner Bekämpfung gibt es?
   I. Gründe für den neuen Rechtsradikalismus:
      1. Angst vor Arbeitslosigkeit
      2. Angst vor unzureichender sozialer Absicherung
      3. Gefühl, gesellschaftlich „zu kurz gekommen“ zu sein
      4. Neid auf erfolgreiche ausländische Mitbürger
      5. Gefühl der politischen Ohnmacht
   II. Möglichkeiten zur Bekämpfung des Rechtsradikalismus:
      1. Aufklärung über die wahren Absichten, Ziele und Untaten der Nationalsozialisten in den 20er- und 30er-Jahren des 20. Jahrhunderts
      2. Aufklärung über Absichten der neuen Rechtsradikalen
      3. Schaffung eines Zusammengehörigkeitsgefühls zwischen Deutschen und in Deutschland lebenden Ausländern
      4. Information über die Reformgesetze der Regierung
      5. Stärkung des Vertrauens in die Politik

C. Notwendiger Einsatz aller für die Erhaltung der Demokratie in unserem Staat

Untersuchung der Fragestellung

Aufgabe 1
Lösung: 1 = g 2 = d 3 = f 4 = e 5 = c 6 = a 7 = b

Grundlagen des Aufsatzes 1: Die textgebundene literarische Erörterung

1. Analyse der Aufgabenstellung

Aufgabe 1
Lösung: 1 = b 2 = a

Aufgabe 2
Die Aufgabenstellung erfordert eine lineare Erörterung. Der Arbeitsauftrag „Zeigen Sie, wie …" verdeutlicht dies.

2. Stoffsammlung

Aufgabe 3
- Notlandung in der Wüste
- Funktionsuntüchtigkeit des Rasierapparats
- Versagen der Mathematik bei der Berechnung der Vaterschaft
- Verlust der Omega-Uhr
- Defekt an Hannas Uhr
- Versagen der Medizin bei der Diagnose von Elisabeths Verletzung
- Funktionsuntüchtigkeit des Wagens im Dschungel
- Verlust der Schreibmaschine

3. Die Argumentation

Aufgabe 4
Satz 1:
Es handelt sich um eine These.
Begründung: Mit diesem Satz wird eine grundlegende Behauptung aufgestellt, die durch die folgenden Sätze unterstrichen wird.

Satz 2:
Es handelt sich um eine erste Begründung der These.
Begründung: Es wird gezeigt, welche Haltung Faber zu Beginn des Romans zur Natur einnimmt.

Satz 3:
Es handelt sich um ein erstes Beispiel.
Begründung: Dieses Beispiel – ein Zitat aus dem Roman – unterstreicht die erste Begründung.

Satz 4:
Es handelt sich um ein zweites Beispiel.
Begründung: Dieses Beispiel, das argumentativ aus dem Roman entwickelt wird, stützt ebenfalls die erste Begründung.

Satz 5:
Es handelt sich um die Rückführung zur ersten Begründung.
Begründung: Hier wird der Bogen zurück zur ersten Begründung gespannt. Diese ist damit abgeschlossen.

Satz 6:
Es handelt sich um die zweite Begründung der These.
Begründung: Hier wird gezeigt, wie sich Faber im zweiten Teil des Romans zur Natur stellt.

Satz 7:
Es handelt sich um ein Beispiel zur zweiten Begründung.
Begründung: Anhand einer aussagekräftigen Textstelle, die zusammengefasst wiedergegeben wird, wird die Begründung unterstrichen.

Satz 8:
Es handelt sich um die Rückführung zur zweiten Begründung.
Begründung: Durch diese Rückführung wird die zweite Begründung wieder in Erinnerung gerufen.

Satz 9:
Es wurde deutlich, dass sich Fabers Einstellung zur Natur im Fortgang des Romans verändert. Zu Beginn lehnt Faber alles Natürliche ab, am Ende verklärt er es. Eine realistische Sicht der Natur zeigt Faber, der von einem technischen Weltbild geprägt ist, jedoch nie.
Es handelt sich um die Rückführung zur These.
Begründung: Der Argumentationskreis, der durch die These eröffnet wurde, schließt sich hier.

4. Die Synthese

Aufgabe 5

	passt	passt nicht
Faber ist immer dann im Irrtum, …	☒	○
Fabers technisches Weltbild ist nicht tragfähig …	☒	○
Walter Faber benützt das technische Weltbild, …	☒	○
Walter Faber ist als Techniker gewohnt, …	○	☒
Das technische Weltbild dient Walter Faber als Schutz, …	☒	○

5. Einleitung und Schluss

Aufgabe 6

	passt	passt nicht
Die Naturwissenschaften besitzen in den Industriestaaten …	☒	○
Walter Faber lässt nur gelten, was objektiv nachweisbar ist.	○	☒
Die Naturwissenschaften ermöglichen einen scheinbar …	☒	○
Max Frisch stellt in seinem Roman „Homo faber" …	○	☒
Nur das, was objektiv überprüfbar ist, findet vor den Augen …	☒	○
Fragen der Moral und der Ethik wiegen im Bewusstsein …	☒	○

Aufgabe 7

	passt	passt nicht
Die naturwissenschaftlich geprägte Weltsicht …	☒	○
Die Naturwissenschaften erfassen nur Teilaspekte …	☒	○
Die menschliche Existenz ist …	☒	○
Walter Faber irrt, wenn er …	○	☒
Die naturwissenschaftlich geprägte Weltsicht …	○	☒
Moralische und ethische Verhaltensweisen …	☒	○

6. Gliederung

A. Einleitung: Der Stellenwert der Naturwissenschaften in der westlichen Welt

B. Hauptteil: Wie führt die Handlung des Romans „Homo faber" das Weltbild Walter Fabers ad absurdum?
   I. Das Weltbild Walter Fabers
   II. Fabers Selbstsicht
      1. Faber als Rationalist
      2. Fabers Einstellung zur Natur
      3. Fabers Vertrauen auf die Errungenschaften der modernen Zivilisation
      4. Fabers Vertrauen in die Mathematik
   III. Die Widerlegung des Faber'schen Weltbildes
      1. … durch das Versagen der technischen Geräte
      2. … durch die exakte Anwendung der Mathematik
      3. … durch die Menschen und ihre Individualität
   IV. Fabers einseitige Betrachtungsweise der Menschen und der Welt

C. Schluss: Die Bedeutung von Moral und Ethik im Umgang miteinander

Grundlagen des Aufsatzes 2: Die textungebundene literarische Erörterung

1. Analyse der Aufgabenstellung

Aufgabe 1

Der Erörterungsauftrag verlangt eine lineare Erörterung, in der gezeigt wird, dass die Eingangsthese zutreffend ist. Diese These ist – falls das Thema gewählt wird – zu akzeptieren. Eine Umdeutung des Themas ist nicht sachgerecht und deshalb nicht statthaft.

Aufgabe 2

Geeignet sind z. B.:
Theodor Fontane: Effi Briest
Klaus Mann: Mephisto
Bertolt Brecht: Der gute Mensch von Sezuan
Bertolt Brecht: Leben des Galilei
Friedrich Dürrenmatt: Der Besuch der alten Dame
Johann Wolfgang von Goethe: Faust. Der Tragödie erster Teil

2. Stoffsammlung

Aufgabe 3

- Wer verführt wen?
- Warum wird jemand verführt?
- Warum lässt sich jemand verführen?
- Wie geht die Verführung vor sich?

Aufgabe 4

Zu Goethe: Faust. Der Tragödie erster Teil

- Mephisto verführt Faust, Faust verführt Gretchen.
- Mephisto möchte Gewalt über Faust erlangen, Faust möchte Gretchen als Geliebte gewinnen.
- Faust lässt sich verführen, weil er mit seinem Leben unzufrieden ist und glaubt, dass Mephisto ihn bei seinem Streben nach Erkenntnis unterstützen kann. Gretchen lässt sich aus Liebe zu Faust verführen, hinzu kommt ihre Unerfahrenheit, die sie hindert, die Situation zu durchschauen.
- Mephisto verführt Faust, indem er auf dessen Wissbegierde spekuliert und vorgibt, diese stillen zu können. Faust verführt Gretchen, die ihn liebt, indem er ihr zusagt, ihre Mutter würde ihre Liebesnacht wegen des verabreichten Schlaftrunks, der sich als Gift erweist, nicht stören.

Zu Dürrenmatt: Der Besuch der alten Dame

- Claire Zachanassian, die „alte Dame", verführt die Bürger ihrer Vaterstadt dazu, Alfred Ill zu töten.
- Claire Zachanassian handelt aus Rachegefühlen gegenüber den Güllenern, die Jahrzehnte vorher im Vaterschaftsprozess falsch gegen sie ausgesagt hatten.
- Alle Bürger Güllens lassen sich aus materialistischen Gründen verführen.
- Die Stadt Güllen ist pleite und Claire Zachanassian verspricht allen ein großzügiges Geldgeschenk, als Gegenleistung verlangt sie „Gerechtigkeit". Diese sieht sie dann gegeben, wenn die Güllener ihre frühere Ungerechtigkeit ihr gegenüber damit wettmachen, dass sie Alfred Ill töten.

3. Die Synthese

Aufgabe 5

	passt	passt nicht
Wer einen anderen zu einer Handlung verführt, …	☒	○
Beide, Verführer und Verführter, haben ein Hauptmotiv …	☒	○
Beide Autoren, Goethe und Dürrenmatt, zeigen, …	○	☒
Verführung ist ein unehrenhaftes Motiv.	○	☒
Wer sich zu einer Handlung verführen lässt, …	☒	○

4. Einleitung und Schluss

Aufgabe 6

	passt	passt nicht
Verführung ist ein häufiges Motiv in der Literatur, …	⊗	○
Verführung prägt das Zusammenleben der Menschen, …	⊗	○
Friedrich Dürrenmatt und Johann Wolfgang von Goethe, …	○	⊗
Diktatorische Systeme beruhen oft auf der Verführung …	⊗	○
Goethes Drama „Faust. Der Tragödie erster Teil" ist ein …	○	⊗

Aufgabe 7

	passt	passt nicht
Verführung als menschliches Grundproblem, …	⊗	○
Verführung – ein zentrales Thema in Goethes „Faust"	○	⊗
„Der Besuch der alten Dame" und „Faust. …" …	○	⊗
Die Stärkung des Selbstbewusstseins …	⊗	○
Der Verführer braucht den Verführten, …	⊗	○
Verführungen widerstehen – Beispiele aus der Literatur	⊗	○

5. Gliederung

A. Einleitung: Die Verführbarkeit als Wesenszug des Menschen

B. Hauptteil: Die Gestaltung des Verführungsmotivs in Johann Wolfgang von Goethes Schauspiel „Faust. Der Tragödie erster Teil" und in Friedrich Dürrenmatts Komödie „Der Besuch der alten Dame"

- I. Die Gestaltung des Motivs in Goethes „Faust"-Drama:
  1. Inhalt des Dramas
  2. Aussage des Dramas
  3. Grund der Verführung
  4. Mittel der Verführung
- II. Die Gestaltung des Motivs in Dürrenmatts Drama „Der Besuch der alten Dame":
  1. Inhalt der Komödie
  2. Aussage der Komödie
  3. Grund der Verführung
  4. Mittel der Verführung
- III. Verführbarkeit als Ergebnis von Streben nach materiellen Gütern oder ideellen Werten
  1. Das Streben nach Erkenntnis in Goethes „Faust"
  2. Die Gier nach Geld in Dürrenmatts „Der Besuch der alten Dame"

C. Schluss: Möglichkeiten des Menschen, mit der eigenen Verführbarkeit umzugehen

Untersuchung der Aufgabenstellung

Aufgabe 1

Zu **Friedrich Schiller, Was kann eine gute stehende Schaubühne wirken?**

1. Fassen Sie den Inhalt des Textes kurz zusammen und erläutern Sie dabei, worin Schiller eine Sonderrolle des Theaters sieht und wie er diese begründet.
2. Untersuchen Sie den Aufbau und die sprachliche Gestaltung des Textes. Gehen Sie dabei auch auf wichtige sprachliche Mittel und ihre Funktion ein.
3. Diskutieren Sie, ob das moderne Theater den Schiller'schen Anspruch aufgegeben hat.

Zu **Joachim Kaiser, Was wird aus dem Wort?**

1. Stellen Sie den gedanklichen Aufbau des Textes dar.
2. Erläutern Sie, wie der Autor seine Argumentation durch sprachlich-stilistische Mittel stützt.
3. Erläutern Sie, ob die vom Verfasser beschriebene „Auszehrung der Wortkultur" einem generellen Kulturverfall gleichzusetzen ist.

Zu **Elias Canetti, Der Beruf des Dichters**

1. Untersuchen Sie diesen Text und erläutern Sie, wie Canetti die Aufgaben eines Dichters definiert.
2. Diskutieren Sie, worin Ihrer Meinung nach die Verantwortung des Schriftstellers in der heutigen Gesellschaft besteht und inwieweit diese Verantwortung noch wahrgenommen werden kann.

Zu **Günter Grass, Der Traum der Vernunft**

1. Analysieren Sie den Auszug aus Günter Grass' Rede „Der Traum der Vernunft". Gehen Sie dabei auf das Thema der Rede ein, geben Sie den Inhalt gegliedert nach Sinnabschnitten wieder und zeigen Sie, wie sprachlich-stilistische Mittel die Aussageabsicht unterstützen.
2. Setzen Sie sich mit der Frage „Hat diese überwache, sich wissenschaftlich nennende Vernunft den vormals weitgefaßten Begriff von Fortschritt auf technisches Maß, auf einzig das technisch Machbare reduziert?" auseinander. Legen Sie Ihre Sicht anhand treffend gewählter Beispiele dar.

Zu **Herta Müller, Das Ticken der Norm**

Analysieren Sie den Text von Herta Müller und prüfen Sie, in welcher Weise die im Text aufgezeigten Tendenzen auch in unserer Gesellschaft wirken. Erörtern Sie dann, wie jeder Einzelne diesen Tendenzen begegnen kann.

Zu **Jurek Becker, Gedächtnis verloren – Verstand verloren**

Erschließen Sie den Text von Jurek Becker und diskutieren Sie die Kernaussage.

Sachanalyse des Textes

Aufgabe 1

Canetti spricht – in Anlehnung an den Begriff „Dichter" – von der gesellschaftlichen Verantwortung des Schriftstellers. Ausgehend von der Selbsteinschätzung vieler Autoren des 20. Jahrhunderts, die für sich den Dichter-Begriff nicht mehr in Anspruch nehmen, sondern sich als „jemand, der schreibt" bezeichnen, kommt Canetti zu der Erkenntnis, dass diese Autoren sich nicht anders verhalten würden als die, die sich früher „Dichter" nannten. Er sieht keinen grundsätzlichen Unterschied, er fragt jedoch nach der gesellschaftlichen Relevanz des Schreibens.

Canetti kommt dabei zu folgendem Ergebnis: Die Wahrnehmung der gesellschaftlichen Verantwortung müsse das Hauptanliegen der Dichter sein. Das sei kein Zeichen von Selbstüberschätzung, vielmehr der realistische Versuch, der Dichterrolle gerecht zu werden. Canetti veranschaulicht seine Ausführungen am Beispiel eines namentlich nicht genannten Dichters aus dem Jahr 1939, das lautet: „Es ist aber alles vorüber. Wäre ich wirklich ein Dichter, ich müsste den Krieg verhindern können." Canetti berichtet von seinen Problemen mit dieser Aussage und sein spätes Verstehen der dieser Aussage innewohnenden Verantwortung.

Der gedankliche Aufbau des Textes

Aufgabe 1

Der erste Teil zeigt folgende gedankliche Gliederung:

Zeile 1–6: Hinführung zum Problem: Canetti weist kritisch auf den Bedeutungsverlust und die Entwertung des Begriffs „Dichter" hin.

Zeile 7–17: Canetti versucht diesen Vorgang als Akt der Bescheidenheit und der kritisch-nüchternen Selbsteinschätzung zu verstehen, weist dieses Erklärungsmuster aber als unzutreffend zurück.

Zeile 17–30: Canetti beschreibt den Widerspruch, den er in den neuen Ansprüchen der Autoren und ihrem tatsächlichen Verhalten erkennt.

Zeile 31–36: Canetti äußert sein Misstrauen gegenüber den Autoren, die sich weiterhin unbekümmert als „Dichter", wie auch gegenüber denjenigen, die sich nur als „Schreibende" bezeichnen.

Zeile 37–57: Canetti trägt seine eigene Ansicht vor: Angesichts des gegenwärtigen Zustands der Welt, müssten Dichter, die sich als solche verstehen, an ihrer Existenzberechtigung zweifeln. Diejenigen, die den Dichterberuf falsch verstehen, würden von der Situation jedoch profitieren.

Zeile 58–66: Abschließend regt Canetti an, darüber nachzudenken, welche Aufgabe ein Dichter im 20. Jahrhundert, in dem die Literatur keineswegs „tot" sei, haben könne.

Der zweite Teil zeigt folgende gedankliche Gliederung:
Zeile 67–78: Canetti berichtet von einem anonymen Autor, der die Verhinderung des Krieges als seine Aufgabe sah, daran jedoch scheiterte und sein Dichten als sinnlos empfand.
Zeile 79–86: Canetti legt seine erst negative Bewertung dieser Selbsteinschätzung, die er für Hybris hält, dar.
Zeile 87–104: Abschließend erläutert er aber sein Nachdenken über diese Haltung, das zu dem Schluss geführt habe, dass das Paradoxe der Situation verantwortlich dafür sei, dass der Autor trotz seiner Bereitschaft zur Veränderung dazu nicht in der Lage gewesen sei.

Sprachanalyse des Textes

Aufgabe 1
Untersuchung der Stilebene:
Der Redetext ist in Hochsprache geschrieben. Darauf deuten folgende Merkmale hin: Die Sätze sind komplex, vorwiegend als Hypotaxen gestaltet. Umgangssprachliche Wendungen fehlen weitgehend, mit folgender Ausnahme: In den Textpassagen, wo Canetti versucht, unangemessenes Verhalten von Autoren abzuwerten, verwendet er neben dem Konjunktiv, der diese Verhaltensweisen einschränken soll, umgangssprachliche Wendungen („damit war es schon nichts", Z. 27, und „ersoff", Z. 18, und Ironie, Z. 13 f.). Insgesamt herrscht ein argumentativer Stil vor.

Untersuchung der Begrifflichkeit:
Die Begrifflichkeit orientiert sich am Thema der Rede, sie ist nie Selbstzweck. Fremdwörter und Fachbegriffe kommen vor, wenn sie die bessere Alternative sind („Proklamationen", Z. 15, „Phänomene", Z. 31, „diskreditiert", Z. 84). Canetti kommt aber mit wenigen Fremdwörtern und Fachbegriffen aus, der Text ist allgemein verständlich.

Untersuchung des Satzbaus:
Der Satzbau ist meist komplex, Hypotaxen überwiegen (vgl. Z. 1–5, 7–10). Im Mittelteil des Textes regt Canetti zum Nachdenken an, bevor er seine Argumentation weiterführt; an dieser Stelle ist ein Fragesatz auffällig (vgl. Z. 64–66). Auffällig sind die beiden rhetorischen Fragen an der Kernstelle der Rede (vgl. Z. 74–75 und 75–76).

Untersuchung der rhetorischen Mittel:
Im Beispieltext von Elias Canetti sind viele sprachliche Mittel zu finden, die die verwendete Hochsprache unterstreichen. Dies sind z. B. Personifikationen („in hilfloser Ermattung", Z. 1), eine Metapher, Anaphern („die man", Z. 2 f.) und Hyperbeln („fetter und fetter", Z. 45 und „Hundert und tausend Dinge", Z. 52).

Untersuchung des Adressatenbezugs:
Typisch für einen Redetext sind die Stilmittel, die der Einbeziehung der Zuhörer dienen. Dazu gehören die W-Alliterationen (Z. 73), rhetorische Fragen (z. B. Z. 74 f.) und Zitate (z. B. Z. 71 f.) sowie die direkte Anrede der Zuhörer (z. B. „Sie werden begreifen ...", Z. 31).

Klärung der eigenen Position

Aufgabe 1
- Welche Aufgaben und Möglichkeiten hatten Dichter in den vergangenen Epochen der Literaturgeschichte? (z. B. Vermittlung von allgemein anerkannten Werten, Analyse gesellschaftlicher Prozesse, Formulierung von Kritik an der Obrigkeit)
- Welche Aufgaben könnte ein Dichter in unserer säkularisierten, von Pluralismus und Globalisierung geprägten Gesellschaft übernehmen? (z. B. Hilfe bei der Orientierungssuche, Diskussion ethischer Fragestellungen, Setzung von poetischen Gegenwelten)
- Mit welchen Schwierigkeiten muss ein Dichter in unserer Zeit umgehen? (z. B. Differenziertheit der Realität, Kompetenzprobleme, Unübersichtlichkeit des Buchmarktes, verändertes Leseverhalten)

Gestaltung der Gliederung

Aufgabe 1

A. Die Verantwortung des Dichters – in der Geschichte der Literatur und in der heutigen Zeit

B. Analyse und Erörterung des Redetextes von Elias Canetti „Der Beruf des Dichters"
   I. Zusammenfassung des Textes
      1. Kurze inhaltliche Zusammenfassung
      2. Gedanklicher Aufbau
   II. Sprachliche Gestaltung des Textes
   III. Erörterung: Die Verantwortung des Dichters
      1. Aufgaben und Möglichkeiten der Dichter in früheren Jahrhunderten
      2. Verantwortung des Schriftstellers in der heutigen Zeit
      3. Probleme bei der Wahrnehmung der Verantwortung

C. Mögliche zukünftige Aufgaben von Schriftstellern

Aufbau und Inhalt der Rede

Aufgabe 1

1. Sinnabschnitt (Z. 1–4)
Bülow skizziert zu Beginn die außenpolitische Situation Englands, Frankreichs und Russlands. Er stellt dabei fest, dass sich die Staaten ausgedehnt, Kolonien erworben und Großreiche gebildet hätten.

2. Sinnabschnitt (Z. 5–16)
Im zweiten Sinnabschnitt bekräftigt Bülow diese Feststellung, indem er die Aussage des englischen Premierministers sinngemäß wiedergibt, die lautet, dass „die starken Staaten immer stärker und die schwachen immer schwächer" (Z. 15 f.) werden würden. Damit leitet er zugleich zur Situation Deutschlands über.

3. Sinnabschnitt (Z. 16–33)
Im dritten Abschnitt führt er die Bedeutung des bereits Gesagten für Deutschland aus. Er betont die Interessen Deutschlands in „allen Weltteilen" (Z. 33), die zu einer Abkehr von der bisherigen Politik führen müssten.

4. Sinnabschnitt (Z. 34–44)
Im vierten Sinnabschnitt nennt Bülow die Gründe für die Neuorientierung der deutschen Außenpolitik („die rapide Zunahme unserer Bevölkerung, der beispiellose Aufschwung unserer Industrie, die Tüchtigkeit unserer Kaufleute", Z. 34 ff.) und gibt auch die Zielrichtung an: die Schaffung eines größeren Deutschlands (vgl. Z. 41).

5. Sinnabschnitt (Z. 45–46)
Im fünften Abschnitt seiner Rede bringt Bülow auf den Punkt, um was es ihm geht: Deutschland dürfe in weltpolitischen Fragen nicht länger übergangen werden.

6. Sinnabschnitt (Z. 47–60)
Im sechsten Abschnitt stellt Bülow stark überzeichnet dar, dass die anderen Staaten auf Deutschland herabsehen und es trotz seiner wirtschaftlichen und politischen Macht nicht ernst nähmen.

7. Sinnabschnitt (Z. 60–69)
Er folgert daraus im siebten Abschnitt, dass Deutschland zur Durchsetzung seiner weltpolitischen Ziele aufrüsten müsse.

8. Sinnabschnitt (Z. 70–71)
Im achten Sinnabschnitt, dem letzten Satz seiner Rede, stellt Bülow noch einmal pointiert die Alternativen der deutschen Politik gegenüber: das deutsche Volk könne „Hammer oder Amboss" (Z. 71) sein.

Kernaussagen der Rede

Aufgabe 1

	richtig	falsch
Bülow behauptet, …	☒	○
Im neunzehnten Jahrhundert …	○	☒
Um die kolonialen Ansprüche durchsetzen zu können, …	☒	○
Die rapide Zunahme der deutschen Bevölkerung, …	○	☒
Man dürfe nicht dulden und wolle nicht dulden, …	○	☒
Es sei viel Neid gegen Deutschland in der Welt vorhanden, …	○	☒

Stilistische und rhetorische Mittel der Rede

Aufgabe 1

Text 1

Der englische Premierminister hatte schon vor längerer Zeit gesagt, dass die starken Staaten immer stärker und die schwachen immer schwächer werden würden. […] Wir wollen keiner fremden Macht zu nahe treten, wir wollen uns aber auch von keiner fremden Macht auf die Füße treten lassen *(Bravo!)*, und wir wollen uns von keiner fremden Macht beiseite schieben lassen, weder in politischer noch in wirtschaftlicher Beziehung. *(Lebhafter Beifall)* Es ist Zeit, es ist hohe Zeit, dass wir […] uns klar werden über die Haltung, welche wir einzunehmen haben gegenüber den Vorgängen, die sich um uns herum abspielen und vorbereiten und welche die Keime in sich tragen für die künftige Gestaltung der Machtverhältnisse für vielleicht unabsehbare Zeit. Untätig beiseite stehen, wie wir das früher oft getan haben, entweder aus angeborener Bescheidenheit *(Heiterkeit)* oder weil wir ganz absorbiert waren durch unsere inneren Zwistigkeiten oder aus Doktrinarismus – träumend beiseite stehen, während andere Leute sich den Kuchen teilen, das können wir nicht und wollen wir nicht. *(Beifall)* Wir können das nicht aus dem einfachen Grunde, weil wir jetzt Interessen haben in allen Weltteilen […].

Aufgabe 2

- Anaphern („wir"): erhöhen die Eindringlichkeit des Gesagten
- Antiklimax („dass die starken Staaten immer stärker und die schwachen immer schwächer werden"): verdeutlicht die Auswirkung des Gesagten
- Wiederholung („keiner fremden Macht"): steigert die Intensität, hebt das Redeziel hervor
- Sprachbild („auf die Füße treten", „welche die Keime in sich tragen"): Erheischen von Zustimmung, Verschleierung von Fakten
- Parallelismen („Es ist Zeit, es ist hohe Zeit", „das können wir nicht und das wollen wir nicht"): Betonung, Hervorhebung, Gefühlsappell

Aufgabe 3

- **Anaphern:** „wenn", Z. 39 ff., „es gibt", Z. 49 ff.
- **sprachliche Bilder:** „Gärung", Z. 13, „auf die Füße treten lassen", Z. 18f., „welche die Keime in sich tragen", Z. 24, „den Kuchen teilen", Z. 30, „wie hochnäsige Kavaliere", Z. 54 f., „bescheidenen Hauslehrer", Z. 55, „Kampf ums Dasein", Z. 65, „Hammer oder Amboss", Z. 71
- **Parallelismen:** „Es ist Zeit, es ist hohe Zeit", Z. 21 f., „das können wir nicht und wollen wir nicht", Z. 31 f., „Wenn die Engländer von einem Greater Britain reden, wenn die Franzosen sprechen von einer Nouvelle France, wenn die Russen sich Asien erschließen …", Z. 38 ff.
- **Wiederholungen:** „Beiseite stehen … träumend beiseite stehen", Z. 26 ff., „Es ist viel Neid gegen uns in der Welt vorhanden, politischer Neid und wirtschaftlicher Neid", Z. 47 f.
- **klimaktische Reihungen:** „Die rapide Zunahme unserer Bevölkerung, der beispiellose Aufschwung unserer Industrie, die Tüchtigkeit unserer Kaufleute, kurz, die gewaltige Vitalität des deutschen Volkes", Z. 34 ff., „ohne Macht, ohne ein starkes Heer und eine starke Flotte", Z. 61 f.
- **bedeutungsschwere Adjektive und Substantive:** „rapid", Z. 34, „beispiellos", Z. 34 f., „Ohnmacht", Z. 56, „Demut", Z. 57, „Knechte der Menschheit", Z. 59
- **Inversionen:** „wenn die Franzosen sprechen von einer Nouvelle France", Z. 39, „in dieser Welt den Kampf ums Dasein durchzufechten ohne starke Rüstung zu Lande und zu Wasser", Z. 64 f.

Analyse des Redeziels

Aufgabe 1

- **Übertreibung:** „hat England sein Kolonialreich, das größte, das die Welt seit den Tagen der Römer gesehen hat, weiter und immer weiter ausgedehnt, haben die Franzosen in Nordafrika und Ostafrika festen Fuß gefasst und sich in Hinterindien ein neues Reich geschaffen, hat Russland in Asien seinen gewaltigen Siegeslauf begonnen" Z. 1 ff.
- **Betonung** zur Hervorhebung wichtiger Aspekte: z. B. „alte Reiche erschüttert" (Z. 12)
- **Verdrehung** eines Sachverhalts bzw. Wiedergabe eines Zitats in einem veränderten Kontext: vgl. Z. 59 ff.

- **Aufwertung:** „bescheidener Hauslehrer“, Z. 55
- **Verschleierung** von Sachverhalten und Prognosen: „unabsehbare Zeit“, Z. 26
- **Wir-Gefühl** durch Einbeziehung der Zuhörer: „unserer Bevölkerung“, „unserer Industrie“, „unserer Kaufleute“, Z. 34, 35, 36
- **Anrede der Zuhörer:** „meine Herren“, Z. 63
- **Behauptung als Gemeinplatz:** „Es ist viel Neid gegen uns in der Welt vorhanden“, Z. 47, „Es gibt Individuen, und es gibt Interessengruppen, und es gibt Strömungen, und es gibt vielleicht auch Völker…“, Z. 48 ff.

Aufgabe 2

Lösung: 1 = d 2 = b 3 = a 4 = h 5 = n 6 = c 7 = f 8 = j 9 = i 10 = e 11 = m 12 = g 13 = l 14 = k

Aufgabe 3

Lösung: 1 = b 2 = e 3 = d 4 = c 5 = a

Zusammenfassung einer Rede

Aufgabe 1

Text 1

Der Staatssekretär im Auswärtigen Amt, Bernhard von Bülow, hat am 11. Dezember 1899 im Deutschen Reichstag eine Rede zur Stellung Deutschlands in der Welt gehalten. Er bekräftigt darin den Anspruch Deutschlands auf Weltgeltung. Bülow will das deutsche Volk, an das sich diese Rede richtet, bereit machen für einen konfliktreichen Kampf um Gebiete in Afrika und Asien. Er betont deshalb die hervorgehobene Stellung Deutschlands als politische und wirtschaftliche Macht und wertet die unnachgiebige Haltung des Auslands dagegen ab. Bülows Aussagen sind nicht neutral; er argumentiert aus deutscher Sicht. Zudem finden sich in diesem Text viele Behauptungen, die nicht belegt und damit nicht objektiv nachvollziehbar sind. Bülows Aussagen sind weitgehend subjektiv gefärbt, haben Appellcharakter und waren schon unter den Abgeordneten umstritten, wie die Zurufe zeigen. Bülows Ziel ist es, durch seine Reichstagsrede die Abgeordneten und das deutsche Volk auf die politische Zielsetzung der kommenden Jahre, den Erwerb von Kolonialgebieten in Übersee, einzustimmen. Bülow argumentiert dabei nicht rational, er nennt keine Zahlen oder Fakten, die dieses Unternehmen begründen könnten, er argumentiert lediglich anhand ideologischer Kriterien. Dabei setzt er zur Manipulation der Zuhörer stilistische Mittel ein: Anaphern und Bilder, Inversionen und Parallelismen, Wiederholungen und klimaktische Reihungen usw. Auch die verwendeten rhetorischen Mittel (z. B. Übertreibung, Verdrehung, Aufwertung, Verschleierung usw.) dienen nicht der Überzeugung, sondern haben manipulativen Charakter.

Stichwortverzeichnis

Verzeichnis der Lern-Videos

Textquellenverzeichnis

S. 38:	Die Pisa-Studie, aus: Wie man Schule entwickelt, von J. Oelkers, Weinheim, Basel, Berlin, 2003, S. 10
S. 103–105:	Der Beruf des Dichters, aus: Münchner Rede, Januar 1976, von Elias Canetti
S. 117–120:	Gelesen heißt noch nicht verstanden, von Rudolf Steffens, aus: Forum Schule, 2002, S. 22
S. 128–129:	Rede: Bernhard von Bülow im Deutschen Reichstag, 11. Dezember 1899
S. 143–149:	Der Traum der Vernunft, von Günter Grass, Rede zur Eröffnung der Veranstaltungsreihe „Vom Elend der Aufklärung" in der Akademie der Künste, Berlin 1984

Bildquellenverzeichnis

S. 143:	Goya: Der Traum der Vernunft erzeugt Ungeheuer, akg-images Archiv für Kunst und Geschichte, Berlin